소리 없이 힘차게 달려온 지방자치의 모범생

임우진의
리무진 품질자치

소리없이 힘차게 달려온 지방자치의 모범생

임우진의
리무진 품질자치

초판 1쇄 인쇄일 2018년 2월 12일
초판 1쇄 발행일 2018년 2월 20일

지은이   임우진
펴낸곳   도서출판 유심
펴낸이   구정남 · 이헌건
기획   더킹핀 www.thekingpin.co.kr
마케팅   최진태

주소   서울 은평구 통일로 684 서울혁신파크 미래청 1동 303B(녹번동)
전화   02.832.9395
팩스   02.6007.1725
URL   www.bookusim.co.kr
등록   제2017-000077호(2014.7.8)

ISBN   979-11-87132-20-2 03340
값   15,000원

임우진의 리무진 품질자치

소리없이 힘차게 달려온 지방자치의 모범생

임우진 지음

도서출판 유심

품질자치
일번지路

"시속 100킬로미터로 달리는 신형 롤스로이스 안에서 들을
수 있는 가장 큰 소리는 전자시계 소리뿐이다."

_ 데이비드 오길비

광고의 아버지 데이비드 오길비의 롤스로이스 자동차 광고
카피다. 품질 높은 고급 자동차가 소리 없이 달린다는 장점을 잘
부각시켜 지금까지도 광고 카피의 전설로 통한다.

중학생 시절 영어를 처음 배울 때 내게 붙여진 별명이 하나

있다. 임우진을 소리 나는 대로 발음한 리무진이다. 그때는 리무진이 무엇인지 몰라 선생님께 여쭈었더니 명사들이 타는 최고급 승용차라고 말씀해주셨다. 그때부터 친구들 사이에서 소리 없이 강한 리무진으로 불린다.

숙명처럼 고시를 통해 공직에 입문하면서 국민들에게 리무진 같은 서비스를 할 것을 다짐했다. '리무진'이라는 애칭은 공직자로서의 사명을 일깨워주는 나침반이 되었다. 인구 31만의 광주 서구청장이 된 뒤 소명의식은 더욱 커졌다. 우리 서구를 전국으뜸도시로 만들고 주민이 진정한 주인이 되는 행복시대를 열어, 주민을 하늘처럼 모시는 리무진이 되겠다는 마음이다.

품질 높은 자동차가 소리 없이 조용히 달리듯, 서구 구정을 이끌었던 지난 4년간 지방자치도 품질이 높아지면 소리 없이 건강하게 발전한다는 것을 깨달았다.

1995년, 본격적인 지방자치제도가 출발한 지 올해로 23년째에 접어들었다. 하지만 쉽사리 품질 좋은 자동차가 되지는 않았다. 오랜 중앙집권 중심의 권위주의 문화와 갈등했다. 그러다 보니 온전한 의미의 지방자치는 더디게 발전했다.

지방자치의 품질은 분권과 자치, 양대 축의 수준에 달렸다. 얼마나 분권이 실질적으로 이뤄지고 있느냐의 문제다. 국가가 자치단체에 부여하는 것이 아니라 고유한 지방의 권리로서 분권의 실질적 수준 향상이 중요하다. 다음은 자치의 수준이다. 주민은 자치를 구성하는 본질이자 핵심이다. 주민을 자치의 중심에 세우고 오롯이 주민의, 주민에 의한, 주민을 위한 자치행정과 주민자치가 이뤄질 때 진정한 자치라고 말할 수 있다.

"자치의 품질이 주민의 삶과 지역을 바꾼다."

지난 4년간 서구청장으로 활동하면서 더욱 확고해진 신념이다.

지방행정가로 30년간 잔뼈가 굵었고, 지난 4년간 광주 서구를 이끌면서 온전한 자치와 분권이 실현된 한국의 지방자치에 대해 숱하게 고민해왔다. 대한민국에 자치분권 사회의 획기적인 변화가 올 수 있을까? 왜 지방자치여야 하는가. 지방자치 성공의 척도는 무엇인가. 한국에서 지방자치는 성공할 수 있을 것인가. 이어지는 질문들에 대한 나름의 답을 찾아보려는 여정을 시작하고자 한다.

주민의 주체적 삶의 건설이 참여민주주의라면, 대한민국의 미래는 자치와 분권에 달렸다고 확신한다.

그런 의미에서 2018년은 희망의 해다. 촛불이 적폐 권력을 청산하고 촛불혁명을 통해 새로운 정부를 세웠다. 이 정부가 가려는 길은 자치분권의 길이다. 참여민주주의의 길이다. 최근 문재인 대통령이 발표한 자치분권 5개년 로드맵에서 서광이 보인다.

문재인 정부 로드맵의 요지는 이렇다. 우선 지방자치단체라는 명칭이 바뀐다. 명명은 언명을 통해서 새로운 힘을 부여하기 때문에 중요하다. 지방자치단체가 지방정부로 바뀐다. 그리고 지방정부가 참여하는 제2국무회의를 제도화하며, 자치입법권과 자치행정권, 자치재정권, 자치복지권 등을 헌법에 명문화할 계획이다. 중앙정부 사무의 포괄적 이양을 위한 지방이양일괄법을 제정하고 현행 8:2의 재정 비율을 6:4로 지방재정 비율을 확대한다. 더불어 자치경찰제도 도입된다. 문재인 정부 5년 동안 자치분권 로드맵이 제대로 실행된다면 그동안 지방자치단체들이 겪어왔던 많은 문제들이 해결될 것이다.

이제 온전한 자치의 나라, 온전한 주민의 나라를 만드는 길에 접어들었다. 두 손 들어 환영한다. 아울러 그 길에 새로운 품격을 더하는 이른바 품질자치의 길을 열 수 있을 것이란 기대가 크다.

지난 4년 동안 광주 서구청장으로 일하면서 자치에 대한 주민들의 수준과 품격이 기대 이상으로 높다는 것을 깨달았다. 주민이 스스로 참여하고 결정하여 지역공동체의 문제를 해결하는 능력이 성숙해가고 있다. 하지만 구태 자치의 흔적들이 여전히 도사리고 있음도 사실이다. 자치단체장의 부정부패, 편 가르기, 선심행정 등 지방자치를 역행하는 흔적들도 곳곳에서 감지된다.

지방정부 시대를 준비해야 하는 지금, 가장 필요한 것은 질적으로 다른 지방 시대를 여는 것이다. 이를 '품질자치'라 이름하고 싶다.

헌법 개정 과정에서 분권국가임을 선언하고 제도의 모순을 바로잡고, 자치문화를 질적으로 성장시켜야 한다. 근본적으로 자치란 인간의 자기결정력에 대한 높은 신뢰를 전제로 한다. 주민의, 주민에 의한, 주민을 위한 지방정부의 탄생이 바로 품질자치로 가는 길이다.

CONTENTS

프롤로그
품질자치 일번지路 ··· 004

에필로그
지방정부 시대를 열자 ··· 234

제1부
서구, 품질자치의 길을 닦다

"여보, 우리 저녁 먹고 풍암호에 산책 갈까?" ··· 020
복합커뮤니티센터에서 누리는 문화생활을 그려본다 ··· 024
[임우진 생각] 성숙한 자치시대, 자율과 참여만이 답이다 ··· 028
달동네에 '청춘발산'의 별을 띄우다 ··· 032
지역경제에 희망의 불을 지피다 ··· 039
선심성 예산 뚝! 진짜 필요한 것을 지원합니다 ··· 045
독서의 유산을 남기자 ··· 052
교육 명문도시, 창의인재 도시 서구 ··· 056
[임우진 생각] '교육 명문도시'를 향한 첫걸음 ··· 060
주민이 만들어가는 생활환경과 기초질서 ··· 065

제2부

이것이 서구형
품질자치다

[임우진 생각] 아동친화도시 선포의 의미와 기대 … 076

'우리동네 수호천사', 동네 복지는 우리가 해결한다 … 081

내 책상을 갖고 싶어요 … 085

'가마솥부뚜막공동체'를 아시나요? … 091

'호동이네 마을신문'이 배달되었습니다 … 097

쌍쌍장터에 자치 꽃이 피었습니다 … 101

유니세프가 인증한 아동친화도시 … 104

[임우진 생각] '지역복지사업' 3관왕의 의미 … 110

백년지대계는 기본을 다지는 일부터 … 115

지역사회가 함께하는 교육공동체 … 121

즐거움이 가득한 도심형 축제 … 127

스포츠가 최고의 복지다 … 132

[임우진 생각] 건강도시, 서구를 향한 첫걸음 … 137

CONTENTS

제3부

품질자치路에
리무진이 달린다

2010, 임우진의 터닝 포인트 ··· 144

2014, 서구청장이 되다 ··· 147

서구 주민자치의 원칙, '무지원의 지원' ··· 152

[임우진 생각] 상무금요시장 이전, 주민 손으로 풀었다 ··· 156

공직사회의 후진적 자치문화 타파 ··· 161

워라밸, 이제 공직사회에도 '일과 삶의 균형'을 ··· 164

[임우진 생각] '일·가정 양립' 선택이 아니라 필수다 ··· 171

합리적 비판은 자치분권의 힘 ··· 175

[임우진 생각] 분권형 국가는 우리의 시대적 사명이다 ··· 179

책임행정과 정도자치 ··· 184

[임우진 생각] 적폐(積弊) 청산, 대상은 과연 누구인가 ··· 190

재정분권 없는 지방분권은 없다 ··· 195

지방자치 발전의 첫걸음, 공직사회 개혁 ··· 200

주민들이 스스로 문제를 해결하는 주민자치 실현 ··· 206

선진 자치환경 확보를 위한 개혁과제 ··· 210

제4부

대한민국 지방자치는 진보한다

1987, 그 후 … 218

[임우진 생각] 생활 속에서 실천하는 5.18 … 222

1995, 첫 자치단체장 선출 … 226

2018, 지방분권의 대전환 … 230

부록 # 임우진이 걸어온 길

1장. 독학으로 이룬 성취

시골 학생, 도시 학생 … 243

고졸 검정고시에서 행정고시까지 … 246

2장. 공직에 바친 열정과 헌신

임우진의 네 가지 행정정신 … 251

요직을 거치며 인정받기까지 … 256

중앙정부에서 뜻을 펼치다 … 259

다시 광주로, 그리고 다시 행자부로 … 263

3장. 자치발전의 사명

자치발전의 사명, 새로운 도전과 실패 … 267

직선 지역위원장의 출마선언 … 272

구청장 당선과 민선 6기 출범까지 … 276

[임우진 생각] 민선 6기 3년을 돌아보며 … 280

제1부

서구,
품질자치의
길을 닦다

아름다운 운천호수의 봄날 풍경.
로맨틱하고 아름다운 모습으로
서구 주민들의 사랑을 듬뿍 받고 있다.

예전에 부동산을 고르는 기준은 역세권이 대세였다. 사실이든 아니든 '전철역에서 5분'이라는 문구 하나만으로도 일단 발길을 붙잡을 수 있었다. 하지만 이제는 학세권, 숲세권이라는 신조어가 생겨날 만큼 자연환경적인 요소가 큰 비중을 차지한다. 가까운 곳에 숲이나 호수가 있는 집, 좋은 산책로가 갖춰진 아파트가 인기다. 집값이 오르는 것은 물론이다. 웰빙의 물결을 타고 어느새 광주도 교육, 교통 못지않게 자연환경이 중요해졌다.

광주 서구는 광주광역시청을 비롯한 각종 관공서와 금융기관, 방송국 등이 모인 광주의 행정복합타운이다. 광주에서는 '중심의 중심'이 바로 서구다. 서구는 살기 좋은 명품 주거지로도 이름값을 떨친다. 풍암동이나 금호동은 매물이 나오자마자 사라질 정도로 집 수요가 많고 아파트 값이 떨어지지 않는다. 두 지역을 아우르는 금당산과 풍암호수가 인기몰이에 한몫을 하고 있다.

지방행정의 첫 번째 목표는 주민의 행복지수를 높이는 것이라 믿는다. 일을 마친 뒤 가족과 함께 보내는 삶이 풍요로워야 행복지수도 높아진다. 서구가 지난 4년간 질 높은 교육, 풍요로운 문화프로그램, 활력 넘치는 생활체육문화 조성에 큰 가치를 둔 이유다.

부족과 궁핍의 시대에는 물량이 우선된다. 하지만 기본적인 욕구가 채워진 이후에는 품질에 관심을 둬야 한다. 양보다는 질이다. 한국전쟁 이후 우리 사회는 정치, 경제, 사회, 문화 등 모든 영역에서 급격한 변화를 겪었고, 놀라운 성장을 이뤄냈다. 세계 10대 경제대국에 발을 들여놓았고, '코리아웨이브' 이른바 한류가 전 세계에 통하는 콘텐츠가 되었다. 또 굳건하게 버티던 군사독재 체제를 무너뜨리고, 그 피의 대가로 우리는 민주화와 지방자치를 쟁취했다.

하지만 정치의 발전은 참으로 더디기만 하다. 지방자치도 마찬가지다. 지방자치제를 실시한 지 23년이 넘었지만, 겨우 기본을 채우는 수준이다. 이제는 자치의 품질을 높이고, 높은 품질의 자치서비스를 주민들이 체감할 수 있어야 한다. 품질자치는 주민들의 발끝이 닿는 곳에서부터 시작되어야 한다.

"여보, 우리 저녁 먹고 풍암호에 산책 갈까?"

풍암·운천·전평호는 서구 주민들이 가장 사랑하는 장소다. 대규모 아파트 중심에 자리 잡고 있어 접근성이 좋아서다. 저녁을 먹고 난 뒤 가족 단위로 산책을 즐기는 사람, 뛰고, 걷는 사람들로 넘쳐난다.

세 개의 호수 가운데 가장 규모가 큰 풍암호수는 서구8경의 하나로 꼽힌다. 그만큼 경관이 아름답다. 하지만 안타깝게도 매년 녹조현상으로 인한 악취 때문에 시민들의 눈살을 찌푸리게 했다. 당연히 민원이 빗발쳤다.

하지만 풍암호수의 수질 관리 책임자인 농어촌공사는 농업용수로 사용하기에 문제가 없다는 이유로 수질 관리에 소극적이었다. 시민들의 발길이 끊임없이 이어지는 곳이니, 우리 구에서라도 수질 개선과 환경정비사업을 하지 않을 수 없었다. 2015년 '풍암저수지 수질개선 종합계획'을 수립하고 실행에 나선 이유다.

'철학의 아버지'라고 불리는 고대 그리스의 철학자 탈레스(Thales, 기원전 624~546)는 만물의 근원을 물이라고 주장했다. 심지어 우리가 살고 있는 땅도 물 위에 떠 있다고 주장했다. 물론 지금은 물질의 구성 요소인 '힉스'의 존재까지 밝혀졌지만, 물의 중요성은 그때나 지금이나 조금도 줄지 않았다. 오히려 지구환경이 나빠지면서 물의 중요성은 더욱 커지고 있다. 풍암호수의 수질 개선은 그만큼 중요한 일이었다.

수질 개선을 위해 다양한 방법을 시도했다. 2015년에는 1억 4,000만 원을 들여 '강제 물순환장치 및 미생물 담채'를 설치했다. 2016년에 대대적인 환경정비사업을 실시해서 악취를 풍기는 녹조를 제거하고, 생태체험학습장과 산책로를 정비했다. 2017년에는 농어촌공사와 수질보전을 위한 MOU를 체결해서 물 좋은 호수를 만들기 위해 노력 중이다. 매년 여름에는 조류 발생을 막고 악취를 제거하기 위해 친환경 유용미생물(EM) 용액을 뿌리고 물배추, 부레옥잠, 꽃창포 등 수질정화용 수생식물을 꾸준히 심었다. 물론 녹조 및 부유 쓰레기 수거 작업도 매년 하고 있다.

진단 결과 녹조의 가장 큰 원인은 도시화로 인해 외부 유입수가 감소하면서 물 순환이 정체된 때문으로 밝혀졌다. 근본적인 대책이 필요했다. 외부 유입수를 확보하기 위해 영산강 하천수를 끌어올 수 있는 방안을 찾는 중이다. 수질 개선을 위한 비점오염원 저감사업도 함께 추진해가고 있다.

앞으로 수질이 획기적으로 개선되면 풍암호수는 오색빛깔이 영롱한 고사분수와 세계 각국의 다양한 품종의 장미로 가득 찬 장미원을 만끽하며 온 가족이 함께 산책하는, 더욱 사랑받는 공간이 될 것이다.

오랫동안 방치되어 온 풍암호수 주변의 무단 비닐하우스와 쓰레기 불법투기 문제도 많이 해결했다. 국비 4억 원을 투입해 양서류 서식지와 수질정화습지 생태체험장을 조성함으로써 아이들의 자연학습공간으로 다시 태어났다. 거리음악회와 걷기대회 등 문화체육행사도 수시로 열려 공원을 이용하는 주민들의 만족도도 해마다 상승곡선을 그리고 있다.

2017년에는 광주전남작가회의와 광주광역시문인협회에서 시인들의 작품을 추천받아 풍암호수 산책로 주변에 시화(詩畵) 35점을 설치했다. 주민들의 반응이 좋아 곧 운천호수와 전평호수도 '시가 있는 호수'로 확대할 생각이다.

쉼은 새로운 생산을 위한 어머니다. 쉼 속에서 창의적인 생각도 태어날 수 있다. 서구의 많은 주민들이 '호수세권'의 특권을 누릴 수 있다는 것은 큰 행운이 아닐 수 없다.

서구행정이 더욱 힘차게 달려야 할 이유다.

복합커뮤니티센터에서 누리는
문화생활을 그려본다

광주 서구 주민의 건강·문화·교육·복지 서비스를 구현할 복합커뮤니티센터가 구체화되고 있다. 풍암생활체육공원 내에 지하 1층, 지상 3층 규모로 들어설 복합커뮤니티센터는 독립된 두 채의 건물로 구성하여 문예회관과 노인여가복지시설·향토도서관으로 각각 활용된다. 문예회관은 400석 규모의 클래식 전용 공연장으로 쓰일 예정이다. 야외에는 계단식 관람석을 갖춘 공연마당과 어린이놀이터도 마련된다.

총 200억 원 가까이 투입될 복합커뮤니티센터는 모든 세대와 계층이 어울릴 수 있는 공간을 지향한다. '세대통합 복지시설 지향' '여성친화적 공간 배치' '영·유아 돌봄시설 마련' '범죄예방환경의 구축' '문화사랑방 역할 수행' 등 주민들의 요구를 반영하여 만들어질 것이다. 복합커뮤니티센터는 광주 서구의 대표적인 문화 향유 공간으로 자리매김하게 될 것이다.

"나는 우리나라가 세계에서 가장 아름다운 나라가 되기를 원한다. 가장 부강한 나라가 되기를 원하는 것은 아니다. … 우리의 부력은 우리의 생활을 풍족히 할 만하고 우리의 강력은 남의 침략을 막을 만하면 족하다. 오직 한없이 가지고 싶은 것은 높은 문화의 힘이다. 문화의 힘은 우리 자신을 행복하게 하고, 나아가서 남에게 행복을 주기 때문이다."

백범 김구 선생은 평소 문화의 힘을 강조했다. 여기서의 문화란 예술, 언어, 풍습, 종교, 관광, 스포츠, 건강 등 인간의 심신을 아우르는 모든 정신·물질적 활동을 의미한다. 백범이 설파한 문화국가론에 전적으로 공감한다. 지금 우리에게는 백범이 강조한 그런 문화의 힘이 절실히 필요하다.

특히 호남문화의 산실 광주라면 더더욱 그러하다. 예로부터 광주는 풍부한 물산을 바탕으로 다양한 생활문화, 민속문화, 음식문화를 즐겨왔다. 최근에는 비엔날레 개최와 국립아시아문화전당이 건립되면서 아시아문화의 중심도시로 부상하고 있다. 2015하계유니버시아드대회 개최와 2019세계수영선수권대회 개최 예정으로 국제적인 스포츠중심도시의 위상도 확보했다.

무엇보다 광주는 민주·인권·평화도시로서의 정체성을 갖고 있다. 특히 5.18민주화항쟁 기록물이 유네스코 세계기록유산으로 등재됨으로써 그 위상이 더욱 확고해졌다. 동시에 국내에서는 시민들의 높은 정치의식을 바탕으로 대한민국 정치 1번지로 기능해 왔다. 오랜 기간 야권의 중심지로 여겨지면서 소외받고 낙후되는 등 피해를 겪기도 했으나 의향(義鄕)의 자부심은 대단하다.

지난 19대 대통령선거 때 전국 최종 투표율은 77.2%로 집계되었다. 지역별로는 광주가 82%로 전국 최고, 지자체 중에서는 광주 서구가 82.7%로 전국 최고를 기록했다. 광주광역시민들의 주민의식이 성숙한 수준임을, 서구가 광주에서도 특별한 지역임을 보여주는 좋은 사례다.

우리 서구는 광주의 얼굴이다. 공공기관, 금융기관, 위락시설, 국제회의시설, 체육시설 등 도시의 핵심기능이 집중된 중심지다. 그런 만큼 교통도 편리할 뿐 아니라 100여 곳의 공원과 9개의 산, 3대 호수를 갖춰 광주 시민들이 아끼고 사랑하는 주거지역이다.

품격은 사람에게만 있는 것이 아니다. 도시에도 저마다의 품격이 있다. 서구는 광주의 발전을 선도하는 지역으로서 문화의 가치와 중요성을 깊이 인식하고 광주의 정신을 지켜가야 할 책임이 있다. 우리 서구, 우리 광주를 고품격 도시로 만들려면 문화, 교육, 복지, 건강 등의 분야에서도 행정서비스의 질을 높여 주민들의 요구에 부응해야 한다.

풍암생활체육공원 내에 지하 1층, 지상 3층 규모로 들어설 복합커뮤니티센터는 광주 서구 주민의 건강·문화·교육·복지 서비스의 중심이 될 것이다.

성숙한 자치시대,
자율과 참여만이 답이다

광주광역시 서구는 1990년대 이래 상무·금호·풍암지구 등이 새로운 택지로 개발되고 빛고을로와 제2순환도로가 생기면서 주거·상업·업무의 중심이자 교통의 요충지로 발돋움하게 되었다.

특히, 상무지구는 40여 개의 공공기관과 금융기관이 들어선 행정·금융의 중심지로 자리매김하게 되었고, '광주의 명동'으로 불릴 만큼 최대의 상권을 형성하고 있다.

금호·풍암동은 생활환경이 쾌적하고 아이들 교육하기에도 여건이 좋아 주거지역으로 많은 인기를 끌고 있다. 더욱이 서구문화센터와 빛고을국악전수관 등 문화시설은 물론, 중앙공원과 풍암생활체육공원 그리고 월드컵경기장 등 체육·레저시설까지 다양하게 들어서는 등 광주의 주거·문화중심지로 발전에 발전을 거듭하고 있다.

이밖에도 양동과 농성동, 유덕, 쌍촌, 화정동 등 구도심 지역 역시 주거환경개선사업 등 그동안 추진해온 지역균형개발사업을 통해 전통과 추억을 간직한 채 새로운 모습으로 발전을 꾀하고 있다.

이처럼 생활환경과 의식·경제 수준 등 모든 면에서 광주를 대표하는 중심구임에도 불구하고, 우리 서구 지역의 모습은 안타깝게도 그러한 외적 환경 수준에 미치지 못하고 있다는 지적을 많이 받고 있다.

더욱이 민선 지방자치가 시행된 지 20년이 지났지만, 우리 서구 행정에는 갈등과 분열, 인기·선심 행정 등 관행적으로 이어져 온 폐해들이 여전히 많이 남아 있었던 게 사실이다.

때문에 이제는 우리 서구를 전국에 내놓을 만큼 자랑스러운 지역, 살맛나는 으뜸 자치단체로 변모시키기 위해 민·관 그리고 지역 사회 모두가 머리를 맞대고 진정한 자치시대를 열어가는 데 힘을 모아야 할 때이다.

이를 위해 가장 우선해야 할 일은 의회와 집행부가 서로 존중과 협력 속에 구민 여론을 수렴·반영하고, 지역발전의 청사진을 마련하는 등 본연의 역할을 충실히 해나가는 것이다. 또한, 작은 동 단위에서부터 지역 주민들이 서로 소통하고 화합하면서 동네를 깨끗하고 아름답게 가꾸고, 어른을 공경하며, 어려운 이웃을 서로 돕고 살아가는 전통적 공동체를 복원하는 데 힘을 쏟아야 한다.

이와 함께 서구의 공직사회를 최고의 전문가 집단이자 서비스 집단으로 육성하고, 집행부와 의회, 민과 관의 역량을 극대화하여 산적한 지역적 과제를 해결해 나간다면 우리 서구가 생활환경은 물론 경제·문화 등 모든 면에서 광주를 대표하는 수준 높은 지방자치의 모델이 될 수 있을 것으로 확신한다.

하지만 그러한 일은 한두 사람이나 공무원의 힘만으로는 결코 이루어낼 수 없으며, 지역사회 모두가 수준 높은 자치의식을 바탕으로 지역문제 해결에 적극 참여해야만 비로소 가능하다 할 것이다.

특히, 지역의 의식 있는 주체들이 그동안의 사실상의 관치에서 벗어나 진정한 주민자치로 변모하기 위한 주체적 노력을 다해 간다면 서구는 주민이 진정한 주인이 되는 자치·복지·문화공동체로 거듭날 수 있을 것으로 확신하며, 머지않아 우리 서구에서부터 새로운 자치시대를 향한 힘찬 바람이 불 것으로 믿어 의심치 않는다.

지역민들의 자율과 참여로 성숙한 자치시대를 주도해 나갈 우리 서구의 미래를 기대해본다.

〈남도일보〉 2014-08-18

자치단체장 칼럼

성숙한 자치시대, 자율과 참여만이 답이다

임우진
〈 광주광역시 서구청장 〉

광주광역시 서구는 90년대 이래 상무·금호·풍암지구 등이 새로운 택지로 개발되고 빛고을로와 제2순환도로가 관가면서 주거·상업·업무의 중심이자 교통의 요충지로 발돋움하게 되었다.

특히, 상무지구는 40여개의 공공기관과 금융기관이 들어선 행정·금융의 중심지로 자리매김하게 되었고, '광주의 명동'으로 불릴만큼 최대의 상권을 형성하고 있다.

금호·풍암동은 생활환경이 쾌적하고 아이를 교육하기에도 여건이 좋아 주거지역으로 많은 인기를 끌고 있다.

더욱이 서구문화센터와 빛고을 국악전수관 등 문화시설은 물론, 중앙공원과 풍암생활체육공원, 그리고 월드컵경기장 등 체육·레저시설까지 다양하게 들어서 있는 등 광주의 주거·문화중심지로 발전에 발전을 거듭하고 있다.

이밖에도 양동과 농성동, 유덕, 쌍촌, 화정동 등 구도심 지역 역시 주거환경개선사업 등 그 동안 추진해 온 지역균형개발사업을 통해 전통과 추억을 간직한 채 새로운 모습으로 발전을 꾀하고 있다.

이처럼 생활환경과 의식·경제수준 등 모든 면에서 광주를 대표하는 중심 구임에도 불구하고, 우리 서구 지역의 모습은 안타깝게도 그러한 외적환경 수준에 미치지 못하고 있다는 지적을 많이 받고 있다.

더욱이 민선 지방자치가 시행된 지 20년이 지났건만, 우리 서구 행정에는 갈등과 분열, 인기·선심 행정 등 관행적으로 이어져 온 폐해들이 여전히 많이 남아있었던 게 사실이다.

때문에 이제는 우리 서구를 전국에 내놓을 만큼 자랑스러운 지역, 살맛나는 으뜸 자치단체로 변모시키기 위해 민·관, 그리고 지역 사회 모두가 머리를 맞대고 진정한 자치시대를 열어가는데 힘을 모아야 할 때이다.

이를 위해 가장 우선돼야 할 일은 의회와 집행부가 서로 존중과 협력속에 구민 여론을 수렴·반영하고 지역발전의 청사진을 마련하는 등 본연의 역할을 충실히 해 나가는 것이다.

또한, 작은 동 단위에서부터 지역 주민들이 서로 소통하고 화합하면서 동네를 깨끗하고 아름답게 가꾸고, 어른을 공경하며, 어려운 이웃을 서로 돕고 살아가는 전통적 공동체를 복원하는데 힘을 쏟아야 한다.

이와 함께 서구의 공직사회를 최고의 전문가 집단이자 서비스 집단으로 육성하고, 집행부와 의회, 민과 관의 역량을 극대화하여 산적한 지역적 과제를 해결해 나간다면 우리 서구가 생활환경은 물론, 경제·문화 등 모든 면에서 광주를 대표하는 수준높은 지방자치의 모델이 될 수 있을 것으로 확신한다.

하지만 그러한 일은 한 두사람이나 공무원의 힘 만으로는 결코 이루어 낼 수 없으며, 지역 사회 모두가 수준 높은 자치의식을 바탕으로 지역문제 해결에 적극 동참해야만 비로소 가능하다 할 것이다.

특히, 지역의 의식 있는 주체들이 그 동안의 사실상의 관치에서 벗어나 진정한 주민자치로 변모하기 위한 주체적 노력을 함께 간다면 서구는 주민이 진정한 주인이 되는 자치·복지·문화 공동체로 거듭날 수 있을 것으로 확신하며, 머지않아 우리 서구에서부터 새로운 자치시대를 향한 힘찬 바람이 불 것으로 믿어 의심치 않는다.

지역민들의 자율과 참여로 성숙한 자치시대를 주도해 나갈 우리 서구의 미래를 기대해 본다.

달동네에
'청춘발산'의 별을
띄우다

양3동 별마루 발산마을은 광주의 대표적인 달동네였다. 산업화 시기에 광주천 건너 방직공장 노동자들의 쉼터 역할을 했던 곳이 슬럼지대가 되었다. 노인인구 비중이 높아지고 빈집이 늘면서 기반시설이 개선되지 않아 생활여건이 갈수록 나빠졌다.

2015년부터 사업비 64억 원을 들여 노후주택을 수리하고, 공가·폐가를 정비했다. 급경사 골목길을 완만하게 정비하고, 도시가스를 연결하고 하수도 시설을 개선했다. 앞으로 휴먼케어시설, 커뮤니티센터, 별마루전망대를 만들고 야생화단지를 조성할 계획이다. 지역의 재생 가능성이 보이자 젊은 청년들이 운영자로 들어오면서 '청춘발산'이라는 새로운 이름과 함께 활력이 돌고 있다.

———

이와 함께 양3동 주민협의체는 마을미술프로젝트, 창조문화마을사업, 컬러아트프로젝트, 마을축제, 마을그림학교 등을 통해 공동체문화를 되살리고 있다. 발산마을 도시재생사업은 금년(2018년)이면 완료되나, 질 높은 공동체를 향한 노력은 앞으로도 계속될 것이다.

"행복하고 자긍심이 생기네요. 우리 아이들에게 이 마을을 물려주고 싶어요."

도시재생사업이 벌어지고 있는 발산마을 주민의 반응이다. 이런 이야기를 들을 때면, 주민들이 겪었을 불편함이 얼마나 컸을까 하는 아쉬움과 더불어 참 잘한 일이구나 하는 생각이 동시에 스친다.

한 도시 내에는 쇠퇴하는 지역과 발전하는 지역이 공존한다. 서구의 경우 특히 구도심과 신도심 간의 양극화가 심각한 상태다. 한때 영화를 누렸던 구도심은 인구 감소와 그로 인한 공동화 현상을 보인다. 지난 2015년, 정부의 도시재생사업 공모에 채택되어 양동과 양3동(발산)에서 도시재생사업을 시작했다.

도시재생사업이 이루어지는 지역에는 몇 가지 특징이 있다. 우선 물리적 환경이 열악하다. 대개 단독주택지역으로 빈집이 많고 주민공동시설이 부족할 뿐 아니라 도로도 비좁다. 상권도 약하고 이렇다 할 산업시설을 찾아보기 어렵다.

반면 주민들은 그 지역에서 수십 년씩 거주한 사람들이라 서로 친밀감과 유대감이 강하다. 동네에 대한 애정도 크다. 마치 동네가 한 가족처럼 솥단지에 밥을 해서 나눠 먹고, 아침마다 청소를 같이 하고, 할머니들이 빈병을 모아 동네 아이들에게 장학금을 준다. 그야말로 살아있는 공동체 문화를 만날 수 있다. 주민들이 지역을 떠나지 않으려는 데는 금전적인 이유도 있겠지만 이웃 간의 돈독한 정이 큰 몫을 한다. 이들 도시에서 만나는 공동체 정신과 역사가 바로 진정한 도시재생의 동력이 된다.

최근 도시재생사업에서 가장 중시하는 것이 지속가능성이다. 지속가능성은 환경·사회·경제 등 세 가지 측면에서 이해될 수 있다.

우선 환경적 지속가능성은 녹지와 하천 등 자연조건이 많이 왜곡되지 않아야 한다.

지역의 역사와 문화를 강조하는 사회적 지속가능성은 상대적으로 어려운 분야다. 사업이 끝난 뒤에는 원주민이 아닌 외지인이 절대 다수를 차지하게 되면서 전통 공동체가 사라진다. 사업의 진행과 함께 부동산 가격이 오르면 원주민들은 바로 집과 땅을 팔고 이주하는 경우가 많기 때문이다. 요즘에는 원주민의 이주를 막고, 전통 가옥 양식을 보존하는 방식으로 사회적 지속가능성을 높이고 있다.

경제적 지속가능성은 그 지역에서 일함으로써 생계유지가 가능해야 한다는 것이다. 그러자면 현재 살고 있는 사람들의 생업과 경험, 지역적 특성이 존중되어야 한다. 물론 도시재생사업을 하다 보면 문제가 발생하기도 한다. 지역이 활성화되는 과정에서 젠트리피케이션이 일어나기도 하고, 공공예산으로 사업비를 감당하기 어려운 경우에는 사업비 조달이 문제가 된다. 최근 언론을 통해 많이 알려진 '젠트리피케이션'이란 낙후됐던 구도심이 번성해 중산층 이상의 사람들이 몰리면서 임대료가 오르고, 이를 견디지 못한 원주민이 내몰리는 현상을 말한다. 지역만이 아니라 단일 상가 건물에서 일어나는 비슷한 현상도 젠트리피케이션이라 한다.

도시재생사업은 주민자치에 의해 결정되고 이뤄져야 한다. 주민들이 살아야 할 생활터전이기 때문에 주민에게 최적화된 재생 방식이 필요하다. 서구의 도시재생사업은 주민주도방식으

달동네에 뜬 '청춘발산'의 별, Before & After.
쇠퇴한 구도심 지역을
사람이 살 수 있는 공간으로 바꾸는 도시재생은
도시와 사람을 동시에 살리는 것이어야 한다.

로 이루어지고 있다. 간혹 주민추진위원회의 결정이 구청에서
의도하는 바와 다를 때도 있지만 주민들의 뜻을 존중하고 최대
한 반영한다.

쇠퇴한 구도심 지역을 사람이 살 수 있는 공간으로 바꾸는
도시재생은 낙후된 도심에 활기를 불어넣는 사업이다. 하지만 진
정한 온기는 사람에 의해서 만들어진다. 도시와 사람을 동시에
살리는 도시 재생이어야 한다.

지역경제에 희망의
불을 지피다

지난 2017년 12월 1일, 우리 서구는 매우 뜻깊은 상을 받았다. 사회적기업 활성화 전국네트워크가 주관한 '제4회 우수사회적기업 어워드'의 지원조직 분야에서 기초자치단체로서는 최초로 대상(공로상)을 수상했다. '마을문제 해결형 사회적경제조직 육성사업'을 통해 지역문제에 사회적 경제를 접목시켜 사회적 경제 활성화에 크게 기여했다는 평가를 받았다. 실제로 서구는 그동안 다양한 사회적기업 지원책을 실행해왔다. 청사를 방문한 주민들은 1층 로비에 있는 사회적경제 무인안내시스템(키오스크)을 본 적이 있을 것이다. 2017년 4월 5일 광주 지자체 가운데 최초로 설치된 이 키오스크는 46인치 와이드 터치스크린으로 제작돼 누구나 쉽고 편리하게 이용할 수 있다. 대다수 사회적기업들이 홍보 부족으로 판로 확보에 어려움을 겪는다. 서구 청사 내 키오스크는 이런 어려움에 처한 사회적기업들의 제품 홍보에 적잖이 도움이 된다.

구정을 탄탄하게 운영하는 것 못지않게 지역경제를 활성화하는 것도 단체장의 핵심과제 중 하나다. 1970년대 이후 광주지역은 경제적 낙후성을 극복하기 위해 노력해왔다. 송암공단, 하남공단, 평동공단이 조성된 데 이어 1999년에는 산·학·관 공동기술연구 집단화단지인 광주테크노파크가 문을 열었다. 2000년대에는 광산업, 친환경에너지산업, 자동차산업, 디자인산업 등에 투자해왔다. 광주과학기술원, 한국광기술원 등 연구기관들과 '산학연 클러스터'를 형성하기도 했다.

하지만 광주의 경제적 위상은 크게 달라지지 않았다. 여전히 먹거리에 목마르다. 지역 정치권의 전방위적인 지원과 지방행정 간의 협업을 통해서 정부 투자와 지방 유입을 늘리고, 지역적 파급효과가 큰 사업에 지속적인 투자가 이루어져야 한다.

지역 내에서는 특히 교육기회를 다양화하고 일자리를 늘리기 위한 대책이 필요하다. 그래야 청년들이 지역에서 희망을 찾고 미래를 설계할 수 있다. 일자리는 청년뿐 아니라 노인에게도 필수적이다. 일거리가 바로 주민들의 먹거리와 직결되기 때문이다.

청년들조차 취업을 하지 못해 국가적 문제가 되고 있는 오늘날의 일자리 부족 사태는 자동화와 '고용 없는 성장' 등 사회구조적인 원인이 크다. 개별 기업이 아니라 국가와 지자체가 팔을 걷고 문제 해결에 적극 나서야 하는 이유다. 부지런히 정책을 개발하고 일자리를 확충해야 한다. 우선 기업 활동을 지원하여 민간에서 최대한 일자리가 늘어나도록 해야 한다. 아울러 사회적기업과 협동조합, 마을기업 등을 지원하여 사회발전에 도움이 되는 일자리와 공공성이 강한 일자리를 늘려야 한다.

서구는 중소기업과 소상공인의 경쟁력 강화 및 사회적기업의 육성을 위해 다양한 정책을 펼쳐왔다. 서구지역에 산업단지는 없지만 유덕·동천 지역을 중심으로 창호, 패널 등 200여 개의 중소 제조업체가 자리하고 있어 이들을 대상으로 기업교류협의회를 구성했다. 아울러 매월동 종합유통단지 내 주요 경제단체들을 대상으로 경제단체연합회를 구성하여 공동 협력하도록 지원하는 한편 주기적인 구청장 현장방문 등을 통해 애로사항을 청취하고 문제를 해결하기 위해 노력하고 있다. 기업교류협의회 또한 지역사회에 관심을 갖고 13회에 걸쳐 4,300만 원을 이웃돕기 및 장학금으로 기부하는 등 사회적 기여를 다하고 있다.

아울러 주민 중심의 마을만들기, 동 단위 사회보장협의체 활동이 활발해지면서 관련 사업의 효과적인 추진 및 지속가능성을 높이기 위해 마을과 사회적경제를 연결하는 마을문제 해결형 사회적경제아카데미를 추진하고 많은 성과를 거두었다. 이를 통해 상무2동의 집수리사업단 맥가이버협동조합, 서창동의 마을찻집(마실) 및 로컬푸드 판매 서창들녘협동조합 등 4개의 우수 사회적경제공동체가 만들어졌다.

또한 전통시장을 지원해 지역경제에 활력을 불어넣고 상생경제를 구현하기 위해 노력하고 있다. 양동시장, 양동복개상가 등 양동 7개 전통시장상인회를 중심으로 상인연합회를 구성하고, 양동시장 전체를 아우르는 사업 논의 및 선정을 추진하면서 시장 활성화를 위한 논의를 시장 전문가와 함께 매월 정기적으로 전개하고 있다. 이에 따른 전통시장 시설 현대화사업은 총 19개 사업에 132억 원, 경영혁신지원사업은 지역선도시장 육성사업 등 5개 사업에 42억 원을 지원했다.

일자리 창출을 위해서 청년인턴사업을 추진하고, 유통·서비스 등 지역특성에 맞게 '지하철 따라 쇼핑문화관광 1번지 사업' 등을 전개하면서, 양3동 새뜰마을사업 등 도시재생사업에도 청년상인들을 적극 유치하고 있다. 이와 더불어 주민참여감독제, 청렴계약제, 전자계약제 등을 도입해 투명하고 신속한 계약행정을 추진함으로써 지역경제 활성화를 꾀하고 있다. 그 결과, 사회적기업과 일자리가 꾸준히 증가하고 있다. 덕분에 2017년 매니페스토 우수사례 경진대회에서 사회적기업 부문 최우수상을, 고용노동부 주관 전국일자리경진대회에서 사회적기업 부문 우수상을 수상했다.

사회적기업이 추구하는 방향은 공동체의 덕목을 살려 같이 잘 사는 길이다. 서구는 사회적 경제기업의 제품을 홍보하기 위한 키오스크 설치와 더불어 사회적경제장터를 열고, 사회적 경제기업들의 홍보 동영상 및 카탈로그를 제작하여 배포하는 등 다양한 방식으로 사회적기업의 활성화를 응원하고 있다. 이러한 '마을문제 해결형 사회적경제조직 육성사업' 외에도 사회적경제 기본교육, 현장 견학, 인턴십 과정 운영, 공동체별 맞춤형 현장 멘토링 등 전문교육을 통해 지속가능한 마을형 우수 사회적경제

조직모델 발굴에도 힘써왔다.

지난해에는 '사회적경제제품 우선구매 공시제'를 도입했다. 사회적기업은 일자리를 창출하고 사회적 서비스를 제공하는 등 공공영역이 닿지 않는 상당 부분을 책임지고 있다. 우리 서구는 앞으로도 경쟁력 있는 마을공동체들이 사회적경제조직으로 성장할 수 있도록 적극 지원할 계획이다.

선심성 예산 뚝!
진짜 필요한 것을
지원합니다

서구의 경로당에 몇 가지 변화가 생겨났다. 경로당 운영 회계의 투명성이 높아지고 회원 간 정례회의를 통해 민주적으로 운영된다. 또한 구에서 지급하는 지원금을 쓸 때 반드시 체크카드를 사용해야 한다. 경로당에서 새로운 물품이 필요할 때 구입에 앞서 소정의 절차를 밟도록 했다.

예전에는 물품이 획일적으로 지원되었지만 지금은 물품 구입이 적정한지에 대한 심사가 먼저 이루어진다. 품목마다 내구연한이 정해져 있어 참고자료로 활용된다. 경로당마다 지정되어 있는 회계 도우미들이 어르신들의 회계 처리를 성심껏 돕고 있다. 모두 회계의 투명성과 건전성을 높이기 위한 조치들이다. 또한 많은 경로당들이 인근 공원 등에서 봉사활동을 실시한다.

지방에서는 좋은 아이디어가 있어도 막상 실행하려면 예산 때문에 발목이 잡히는 경우가 적지 않다. 예산 배분 권한이 국가나 광역자치단체단체에 집중되어 있기 때문이다. 그래서 단체장들은 중앙이나 광역단체로부터 예산을 따오는 게 현실적으로 가장 큰 문제다.

모든 세금의 80%는 국가가 걷는 국세이고, 20%는 지방세다. 국세의 절반은 국가가 직접 집행하고 나머지 절반은 다시 지방에 배분한다. 따라서 모든 세금의 60%는 중앙정부를 통해 지방에 지출되는 셈이다. 중앙정부로부터 재원 확보를 위해서 지방자치단체들은 치열한 경쟁상황에 놓일 수 밖에 없는 구조다. 지방자치단체장들 사이에서 자조적으로 '앵벌이 자치'라는 말이 나오는 이유다. 단체장들은 어떻게든 그 과정에 개입해서 유리한 고지를 점령하기 위해 중앙에 가서 로비를 해야 한다. 이처럼 지방은 중앙과의 관계에서 늘 약자였다. 로비에 의존하는 '앵벌이 자치'가 반복될 수밖에 없다.

국가가 세금을 걷어 지방에 나눠주는 지금의 방식은 전형적인 중앙집권체제의 잔재다.

우리나라 지방재정에는 시급히 해결해야 할 문제가 몇 가지 있다. 일단 심각한 불균형 상태를 이루고 있는 국가와 지방의 세입세출 재정구조를 고쳐야 한다. 현재 국세와 지방세의 비율은 8:2 수준이지만 세출 비율은 4:6에 이른다. 지방의 국가의존도가 높을 수밖에 없다. 정부가 특별한 재원 대책을 마련하지도 않은 채 복지사업을 확대함으로써 노인기초연금이나 양육수당, 아동수당, 일자리 창출, 취약계층 지원 등의 복지 분야 세출이 급증하는 것도 문제다. 재원이 충분치 않은 상태에서 복지 세출이 늘면 지방의 재정 여건은 위축될 수밖에 없다. 새로 늘어나는 복지지출을 중앙정부가 100% 부담하지 않고 일부를 지방에 부담시키기 때문이다. 따라서 재정자립도가 낮은 자치단체는 더더욱 재정난에 허덕이게 된다.

서구도 마찬가지다. 복지사업이 확대되면서 사회복지비 비중이 매년 구 재정의 60% 이상을 차지하고 있다. 게다가 지방세입의 편제가 재산세 위주로 되어 있고 도심 환경도 안정화 단계에 접어들어 자체 수입이 늘 가능성도 거의 없다. 재산세는 경기 요인에 민감한데다 국세에 비해 신장성이 낮기 때문이다. 지방재정의 구조적 한계라고 볼 수 있다.

게다가 세입이 늘어나는 속도보다 복지 분야 재정 수요 증가 속도가 훨씬 빠르다. 우리 구의 경우 세입은 2013년 본 예산 기준

630억 원에서 2017년 769억 원으로 22.1% 증가하는 데 그쳤으나 복지예산은 같은 기간에 1,419억 원에서 2,120억 원으로 49.4%나 증가했다.

이처럼 살림살이가 빠듯하니 소방도로 개설, 경로당 확충 등 지역 개발을 위한 자체 사업에 차질이 빚어지고 있다. 매년 물가가 오르면서 경상예산도 같이 늘고 있지만 자체 수입으로는 국고보조사업에 따른 구비 부담과 최소한의 기관 운영 필수경비도 충당하지 못하는 실정이다. 같은 자치구라고 해도 지방의 구가 서울시의 구에 비해 재정 상태가 훨씬 나쁜 편이다.

그렇다고 마냥 손 놓고 있을 수만은 없다. 재정 문제를 극복하기 위해 자치단체 차원에서도 나름의 자구책을 마련해야 한다. 경로당의 풍경이 달라진 것도 그 때문이다. 경로당뿐만 아니라 아파트단지에 대한 재정지원도 이제는 엄격한 원칙에 따라 이루어지고 있다.

예전에는 경로당이든 아파트든 지역 정치인과의 친분에 의한 특혜 지원 등으로 예산을 쉽게 쓰는 일이 많았다. 이 때문에 선심성·일회성 지원으로 아파트 단지간 형평성 시비가 자주 일었고, 낭비적 지출도 많았다. 이제는 이런 점들을 바로잡을 수 있게 되었다.

법과 제도의 변경은 오랜 시일이 걸린다. 그러므로 일단 현 제도 하에서 재정수입을 늘리고 예산을 효율적으로 운영해 재정 건전성을 높여야 한다. 자치단체가 자체적으로 재정문제를 극복할 수 있는 방법은 네 가지로 요약할 수 있다.

첫 번째, 재정수입을 확대하고 구정 살림을 알뜰하게 운영하는 것이다. 일단 재정수입을 늘리려면 지방세 세원을 발굴하고 징수활동을 강화해야 한다. 지방채 상환도 서두르는 게 좋다. 서구의 경우 2014년 민선 6기 출범 당시 172억 원이던 지방채 중 62억 원을 상환해 2017년 현재 110억 원이다. 이마저도 2020년까지 전부 상환할 계획이다.

또한 경상경비를 아껴 쓰고 반드시 필요한 사업이 아닌 경우는 사업비를 삭감했다. 예산편성을 할 때 사전심사를 강화해 구정살림을 알뜰하게 운영했다. 그 결과 지방세정종합평가에서 2016년까지 3년 연속 최우수구, 2017년 우수구로 평가받았다.

두 번째, 주민참여예산제도 등 주민 참여를 확대하는 것이다. 사업 선정 단계부터 주민의 여론을 수렴해 결정하고, 이후에도 주민들이 심의과정과 평가과정에 적극 참여하는 방식이다. 우리 서구는 매년 주민참여예산학교를 운영하고 있고, '찾아가는 주민참여예산 동(洞) 순회 설명회'를 18개 동에서 54회 실시했다.

세 번째, 각종 공모·평가 사업에 참여하여 외부 재원(국비, 시비)을 확충하는 것이다. 우리 서구는 각종 사업에 응모해 확보한 국비·시비가 민선 6기 3년여 동안 388개 분야, 672억 원에 이른다. 민선 5기 4년 동안 81억 원이었던 것에 비해 큰 폭으로 증가했음을 알 수 있다. 이렇게 확보한 예산은 구도심 도시재생사업 등 숙원사업 해결에 사용했다. 민선 6기가 마무리되는 2018년 6월에는 총 700억 원 정도는 될 것으로 예상된다.

네 번째, 민간역량을 활용하는 것이다. 재정도 보충하고 민간역량도 육성할 수 있는 일석이조의 방안이다. 우선 민간위탁을 확대하고 민간경영기법을 도입하면 예산 절감과 공공서비스 향상이라는 두 마리 토끼를 잡을 수 있다. 또한 외부전문가를 재정분야 위원으로 위촉해 의견 취합과 모니터링이 이루어지도록 한다. 현재 우리 서구는 재정분야 4개 위원회 총 94명의 위원 중

외부 위원 비율이 87%(82명)에 이른다.

또한 주민자치, 민관협력 지역복지모델을 구축하는 것도 좋은 방안이다. 주민 공동의 작은 일들은 주민들끼리 자율적으로 하는 것이 공동체 정신과 상부상조 문화를 만들고 주민자치에도 부합하여, 결국 주민의 세금인 재정 부담을 줄이는 길이다.

독서의 유산을
남기자

서구에 시립도서관이 건립된다. 사실 시립도서관은 광주지역 5개 구가 모두 유치 의사를 밝히면서 2017년의 핫 이슈 중 하나가 되었다. 다행히 광주광역시의 공공동도서관 확충(건립)에 대한 타당성 조사용역 결과 최종적으로 광주 서구에 시립도서관을 건립하기로 확정됐다. 도서관 건립 예정지는 치평·유촌권역이며, 현재 타당성 조사용역을 시행 중이다. 건립 비용은 국비 40% 시비 60%로 구성된다.

공공도서관의 인프라 수준은 곧 지역의 독서문화 수준과 직결된다고 해도 과언이 아니다. 새로 들어서는 시립도서관은 올해 본격 추진하게 될 복합커뮤니티센터 내 향토도서관과 함께 우리 서구의 소중한 문화자산이 될 것이다.

시립도서관은 우리 서구와 더불어 광산구에도 건립될 예정인데, 1997년 산수도서관 개관 이후 20년 만이다. 현재 광주광역시는 무등·사직·산수 등 3개 시립도서관을 포함해 총 23개의 공공도서관을 운영 중이다.

광주광역시는 다른 광역 지자체들에 비해 공공도서관 이용률과 인프라가 매우 열악한 지역으로 꼽힌다. OECD 기준을 바탕으로 문화체육관광부가 정한 도서관 건립 기준은 '4만 5,000명당 1개 관'이다. 2017년 현재 광주광역시의 총 인구수가 약 150만 명이니, 약 6만 5,000명당 한 개 꼴이다. 이에 따라 광주광역시는 공공도서관 확충 방침을 세우고 시립도서관 두 곳과 구립도서관 다섯 곳을 순차적으로 건립할 예정이다.

우리 서구는 일찍이 도서관의 가치와 중요성에 주목하고 도서관 건립에 투자를 아끼지 않았다. 특히 2015년 개관한 상록도서관은 어린이·종합자료실, 열람실, 다목적실, 문화교실, 열람실(238석) 등을 갖추고 주민들의 생활문화 거점공간으로서의 역할을 톡톡히 하고 있다. 아울러 구립도서관 통합도서정보화시스템의 중심축이기도 하다. 또한 상록도서관은 도서관 차원에서 독서교육프로그램과 어르신 자서전 제작 지원 사업도 추진하고 있다.

한편, 소규모 도서관을 늘리는 것은 문화소외지역 해소에 기

우리 서구는 일찍이 도서관의 가치와 중요성에 주목하고 도서관 건립에 투자를 아끼지 않았다. 특히 2015년 개관한 상록도서관은 주민들의 생활문화 거점공간으로서의 역할을 톡톡히 하고 있다.

여하는 바가 크다. 서구지역에는 모두 74 곳의 작은 도서관이 있다. 아담한 서가와 독서공간을 갖춘 작은 도서관을 이용하는 주민들의 발걸음이 늘고 있다. 하지만 이런 소규모 도서관들은 구비한 책이 충분하지 않았다. 이를 보완하기 위해 2016년부터 구립도서관과 작은도서관의 상호대차서비스를 시행 중이다. 대차서비스란 주민이 집에서 가까운 도서관에서 책을 신청하면 해당 도서를 보유하고 있는 도서관에서 책을 보내주는 서비스다. 규모가 작은 도서관의 장서 부족 문제를 해결하면서 주민들의 도서관 이용 활성화에도 큰 도움이 되고 있다.

이처럼 도서관을 개관하고 다채로운 독서문화프로그램을 운영하는 등 구립도서관 활성화를 꾀한 결과 서구 주민들의 도서관 이용률이 높아지고 있다. 이는 곧 도서관 회원 등록자와 도서 대출 건수의 급증으로 나타났다. 2015년 5만 명이던 구립공공도서관 회원이 2017년에는 약 6만 명으로 증가하였고, 도서 대출 건수는 2015년 17만 2,000권에서 2017년 22만 7,000권으로 증가했다. 앞으로도 구립도서관과 작은도서관의 상호 연계를 강화하고 주민들의 독서문화 활동을 지원하여 우리 서구를 최고의 교육문화도시로 만들고자 한다.

교육 명문도시,
창의인재 도시 서구

우리 서구에는 광주광역시 5개 구 가운데 최초로 교육청과 연계하여 만든 진로직업체험지원센터가 운영되고 있다. 2016년 9월 26일에 설립된 서구진로직업체험지원센터는 관내 53개 초중고와 연계하여 다채로운 진로 체험 프로그램을 진행한다.

학생들은 진로콘서트와 자유학기제 지원프로그램을 통해 자신에게 맞는 진로를 탐색해볼 수 있다. 또한 '청진기(청소년 진로체험의 기적)', 서구청 공무원 체험교실, 진로직업 체험 토요교실을 통해 직업 체험도 해볼 수 있다. 진로교사협의회와 학부모진로코치단 등 진로교육 네트워크도 탄탄하게 구성돼 있어 학생들은 언제든 진로와 직업에 대한 궁금증을 해결할 수 있다.

서구진로직업체험지원센터는 앞으로 인공지능, 로봇, 사물인터넷, 자율주행차, 3D프린팅, 나노기술, 빅데이터 등 4차 산업혁명과 관련된 직업군에 대해서도 체험할 수 있는 곳을 만들어 학생들의 체험학습을 지원할 계획이다. 뿐만 아니라 체험을 통해 적성을 찾은 청소년들에게는 전문가와의 1:1만남도 주선할 예정이다.

이처럼 우리 서구는 2017년을 '교육 명문도시를 향한 원년'으로 삼고 다양한 지원사업을 펼쳐왔다. 2017년 1월 교육지원과를 신설했고, 2017년 6월에 창의인성교육 지원조례를 제정한 것만 봐도 인재육성사업이 우리 구의 역점사업임을 알 수 있을 것이다.

이와 더불어 학부모들에게 실제로 도움이 되는 교육과정이 필요하다는 판단에서 '학부모 아카데미' '교육콘서트' '가족캠프'도 운영하고 있다. 학생들의 학력 향상을 돕는 프로그램도 여럿이다. 자기주도적인 학습습관 형성을 위한 '자기주도캠프', 맞춤형 학습법을 전수해주는 '공부습관프로젝트' 등이 그것이다. 저소득층이나 장애인 등 교육취약계층 학생들에게는 '온라인 자기주도학습 프로그램'을 통해 자기주도학습 콘텐츠를 제공하고 있다. 각종 지원사업을 추진하면서 취약계층이 우선적으로 참여할 수 있도록 배려하고 있음은 물론이다.

창의성과 인성의 함양도 학력 향상 못지않게 중요한 요소다. 특히 지역사회공동체가 큰 역할을 할 수 있는 분야이기도 하다. 이에 따라 지역주민 모두가 함께 배우고 즐길 수 있는 '마을교육공동체' 활동도 적극 지원하고 있다. 현재 마을교육공동체들은 역사교실, 마을캠프, 전래놀이한마당, 목공교실, 유적탐험, 민화교실 등을 운영하며 청소년들의 창의성과 인성 함양에 톡톡히 기여하고 있다.

2017년에는 치평동에 '청소년문화의집'이 건립되었다. 동아리실, 프로그램실, 북카페, 상담실 등이 마련되어 있어 청소년들의 문화공간으로 큰 역할을 하고 있다. 또한 '학교밖청소년지원센터'를 운영하여 학교 밖 청소년들이 건강한 사회구성원으로 성장할 수 있도록 다양한 프로그램을 제공하고 있다. 이밖에 위기 청소년들을 위한 상담, 긴급구조, 자활, 의료지원 등 통합지원 서비스도 제공하고 있다.

창의성과 인성의 함양도
학력 향상 못지않게 중요한 요소다.
특히 지역사회공동체가
큰 역할을 할 수 있는 분야이기도 하다.

'교육 명문도시'를
향한 첫걸음

낙후된 지역에서 지역의 인재를 키우는 것만큼 중요한 일은 없을 것이다.

우리 광주 지역 역시 경제적 낙후성과 정치적 소외를 극복하기 위해서는 보다 멀리 내다보고, 근본적으로 준비하여 지역의 인재를 국가지도자로 육성하는 일이 필요하다. 더욱이 이제는 교육을 특정 주체에만 맡겨서는 안 되며, 지역의 미래 인재 육성에 지역사회 모두가 함께 나서야 한다.

이에 따라 우리 구에서는 올해를 교육 명문도시를 향한 원년으로 삼고 지역 아동 및 청소년들을 위한 체계적인 교육 지원과 교육 종합지원 체계 구축에 각별한 관심과 힘을 쏟을 방침이다.

이를 위해 금년에만 9개 분야에 총 24억 원을 투입하게 된다.

먼저 아동·청소년들의 건강한 성장 지원을 위해 시간연장형 어린이집을 확대하고 국공립 어린이집 및 청소년문화의집 신축, 청소년 동아리 지원 그리고 학교밖 청소년들에 대한 지원을 한층 강화할 예정이다.

또한 학부모가 변해야 아이들이 건전하게 성장할 수 있다는 취지로 부모교육·교육콘서트·가족캠프 등을 운영해 올바른 부모의 역할을 정립할 수 있도록 돕는다.

다음으로 공부하기 좋은 건전하고 안전한 교육환경을 조성하고 학생들의 교육복지 증진에도 관심과 투자를 아끼지 않을 방침이다.

지난해 문을 연 진로직업체험 지원센터를 중심으로 청소년들의 눈높이에 맞는 다채로운 진로체험 프로그램을 운영하고, 동 주민센터, 경찰서, 소방서 등 공공기관 직업체험 프로그램을 실시하고 아이들의 자기주도학습능력 함양을 위한 공부습관 프로젝트, 자기주도캠프 그리고 창의·인성교육 프로그램도 마련한다.

이뿐만 아니다. 진로직업체험 지원센터 운영, 친환경 무상급

식비 지원, 학교 내 체육·문화공간 설치 그리고 소규모 교육시설 개선 등 학습하기 좋은 교육환경 조성을 위해서도 관심과 투자를 아끼지 않을 계획이다.

교육 명문도시로 발돋움하기 위해서는 무엇보다 지역사회 모두가 '교육공동체'가 되어 똘똘 뭉쳐야 한다. 다시 말해 지역의 교육수준을 향상시키기 위해서는 부모와 학교 그리고 지역사회 상호간 연계시스템이 이루어져야 하는 것이다.

그런 점에서 '지역사회가 곧 학교'라는 패러다임을 바탕으로 다양한 마을교육 공동체를 육성하고, 공교육 협력 네트워크 및 평생학습 네트워크를 지속적으로 구축해 나갈 생각이다.

물론 학교나 교육당국의 손길이 채 미치지 못하는 부분들을 우선적으로 채워 나가게 된다.

이와 함께 6억 원의 출연금을 바탕으로 본격적으로 운영 중인 서구장학재단을 통하여 성적이 우수한 학생들과 경제사정이 어려운 학생들에게 총 1억 원의 장학금도 지원할 예정이다.

유엔 산하기구인 유엔개발계획(UNDP)은 지난 1990년부터 매년 세계 각국의 삶의 질을 평가하여 '인간개발지수(HDI)'를 발표해왔다. 인간개발지수(HDI)는 소득, 교육, 실업, 환경, 건강 등 여러 가지 기본요소들을 기초로 사회에서 느끼는 행복감을 측정하는 행복지수다. 우리나라는 세계 10위권 안팎의 경제규모에도 불구하고 인간개발지수는 지난 2014년을 기준으로 17위에 불과하다고 전해진다. 물질적 풍요가 강조되었던 과거와는 달리 교육수준이나 불평등 요소 등이 행복지수를 결정하는 데 그 영향력이 점차 커지고 있기 때문이다.

OECD 국가 중 청소년 자살률 1위, 청소년 행복지수 최하위 그리고 입시와 학업 스트레스에 내몰리고 있는 우리 아이들이 행복을 느끼며 밝고 건강하게 자라나기 위해서는 무엇보다 어른

우리 서구는 '지역사회가 곧 학교'라는 패러다임을 바탕으로 다양한 마을교육 공동체를 육성하고, 공교육 협력 네트워크 및 평생학습 네트워크를 지속적으로 구축해 나갈 생각이다.

들이 아이들의 인큐베이터가 되어주어야 한다.

'한 아이를 키우기 위해서는 온 마을이 필요하다'는 말처럼 지역사회 모두가 아이들의 '마을'이 되어야 하는 것이다.

그게 바로 '교육 명문도시'를 향한 첫걸음이자 첩경이다.

〈광남일보〉 2017-02-09

특별기고

'교육 명문도시'를 향한 첫 걸음

임우진
광주 서구청장

낙후된 지역에서 지역의 인재를 키우는 것 만큼 중요한 일은 없을 것이다.

우리 지역 광주 역시 경제와 낙후성과 정치적 소외를 극복하기 위해서는 보다 멀리 내다보고, 근본적으로 준비하여 지역의 인재를 국가지도자로 육성하는 일이 필요하다.

다음으로 이제는 교육을 특정 주체에만 맡겨서는 안되며, 지역의 미래 인재 육성에 지역사회 모두가 함께 나서야 한다.

이에 따라 우리 구에서는 올해를 교육 명문도시를 향한 원년으로 삼고 지역 아동 및 청소년들을 위한 체계적인 교육 지원과 교육 종합적인 체계 구축에 각별한 관심과 힘을 쏟을 방침이다.

이를 위해 금년에만 9개 분야에 총 24억 원을 투입하게 된다.

먼저 아동·청소년들의 건강한 성장 지원을 위해 시간여행형 어린이집을 확대하고 국공립 어린이집 및 청소년문화의 집 신축, 청소년 돌봄의 지원 그리고 학교 밖 청소년들에 대한 지원을 한층 강화할 예정이다.

또한, 학부모가 변해야 아이들이 건전하게 성장할 수 있다는 취지로 부모교육·교육콘서트·가족캠프 등을 운영해 올바른 부모의 역할을 정립할 수 있도록 돕는다.

다음으로 공부하기 좋은 건전하고 안전한 교육환경을 조성하고 학생들의 교육복지 증진에도 관심과 투자도 아끼지 않을 방침이다.

지난해 문을 연 진로직업체험 지원센터를 중심으로 청소년들의 눈높이에 맞는 다채로운 진로체험 프로그램을 운영하며, 동우 만련, 경찰서, 소방서 등 공공기관 직업체험 프로그램을 실시하고 아이들의 자기 주도 학습능력 향상을 위한 공부습관 프로젝트, 자기주도 캠프 그리고 참의·인성교육 프로그램도 마련한다.

이 뿐만 아니다.

진로직업체험 지원센터 운영, 친환경 무상급식비 지원, 학교내 체육·문화공간 설치 그리고 소규모 교육시설 개선 등 학습하기 좋은 교육환경 조성을 위해서도 관심과 투자를 아끼지 않을 계획이다.

교육 명문도시로 발돋움하기 위해서는 무엇보다 지역사회 모두가 '교육공동체'가 되어 돌봄을 분배해야 한다.

다시 말해서 지역의 교육수준을 향상시키기 위해서는 부모와 학교 그리고 지역사회의 상호간 연계시스템이 이루어져야 하는 것이다.

그런 점에서 '지역 사회'가 곧 '학교'라는 페리다임을 바탕으로 건전한 마을교육 공동체를 육성하고, 공교육 협력 네트워크 및 평생학습 네트워크를 지속적으로 구축해 나갈 생각이다.

물론, 학교나 교육당국의 손길이 채 미치지 못하는 부분들을 우선적으로 채워 나가야 한다.

이와 함께 어려운 출연금을 바탕으로 본 궤도로도 운영중인 서구 장학재단을 통하여 성적이 우수한 학생들과 경제사정이 어려운 학생들에게 총 1억원의 장학금도 지원할 예정이다.

유엔 산하기구인 유엔개발계획(UNDP) 은 지난 1990년부터 매년 세계 각국의 삶의 질을 평가하는 '인간개발지수(HDI)'를 발표해 왔다.

'인간개발지수(HDI)'는 소득, 교육, 실업, 환경, 건강 등 여러 가지 기본요소들을 가르치고 시대에서 느끼는 행복감을 측정하는 행복지수로, 우리나라는 세계 10위권 인체의 경제규모에는 불구하고 '인간개발지수'는 지난 2014년을 기준으로 17위에 불과하다고 전해진다.

이처럼 물질적 풍요가 강조되었던 과거에는 달리 교육수준이나 불평등 요소 등이 행복을 느끼게 되고 건강하게 자라나기 위해서는 무엇보다 어른들의 아이들의 인큐베이터가 되어주어야 한다.

청소년 자살률 OECD 국가중 1위, 청소년 행복지수 최하위 그리고 입시와 학업 스트레스에 내몰리고 있는 우리 아이들의 행복을 느끼고 건강하게 자라나기 위해서는 무엇보다 어른들이 아이들의 인큐베이터가 되어주어야 한다.

'한 아이를 키우기 위해서는 온 마을이 필요하다'는 말처럼 지역사회 모두가 아이들의 '마을'이 되어야 하는 것이다.

그게 바로 '교육 명문도시'를 향한 첫 걸음이자 첩경이다.

주민이 만들어가는
생활환경과 기초질서

서구는 광주의 관문이자 시청을 비롯한 각종 공공기관이 밀집한 광주의 중심이다. 외지인들에게는 광주의 첫인상을 보여주는 곳이기도 하다. 그래서 더욱 신경 쓰이는 일이 도시 환경이다. 그러나 오랜 관행이 되어 있는 마트 앞의 상품 적치 행위는 인도까지 점령하였고, 터널 속을 걷는 듯 거리에 포장까지 덮어 씌운 곳이 많았다. 보행자들의 통행을 방해하는 노상 적치물은 도시 미관을 해칠 뿐 아니라 안전을 해칠 위험도 있어 질서 있게 정비하고자 하였으나 쉽지 않았다.

대형마트 90곳, 철물점 14곳을 비롯해 129곳이 문제가 있다고 판단해 지속적으로 업주들에게 자진 정비를 설득하며 정중히 요청했다. 여러 차례 요청에도 이행이 이뤄지지 않은 곳에는 과태료를 부과하는 등 강도를 높였다.

실태조사 후 지속적인 정비 노력을 통해 2년여 만에 가게 앞 도로가 말끔히 정비되었다.

호남고속도로를 달려 상무IC로 진입하면 빛고을대로(광주시청~동림~북광주IC 연결도로)를 만난다. 빛고을대로의 종료 지점에서 오른쪽으로 시선을 돌리면 5.18을 상징하는 광주시청 건물이 한눈에 들어온다. 외지에서 광주를 찾는 이들이 광주시내에 진입하여 만나는 첫 모습이다.

"광주 서구에 오신 것을 환영합니다!"

이 지점들이 모두 서구 관내다. 그래서 광주 서구의 중요한 과제 중 하나가 상쾌한 도시환경을 유지하는 것이다. 광주의 얼굴을 지키는 일이기도 하다.

첫인상이 아름다운 도시환경을 유지하려면 청결과 안전, 기초질서, 건강과 휴식이 보장되어야 할 것이다. 어느 하나 소홀해서는 안 된다. 고품질의 도시환경을 조성하는 것 역시 관이 주도하기보다는 주민들이 스스로 기획하고 참여하는 방식으로 진행하는 것이 바람직하다. 그러자면 주민들의 주인의식과 공동체의식의 함양이 꼭 필요하다.

인구가 밀집된 도시에서는 주택, 교통, 청소, 주차 등 생활환경과 관련된 문제들이 수시로 발생하기 마련이다. 현재 서구의 생활환경 현안으로 꼽히는 것은 기초질서, 주차장 확보, 구도심 지역의 쇠퇴 등이다. 이러한 문제들을 효과적으로 해결하려면 재정도 확보되어야 하고 과제들 간의 우선순위도 정해져야 한다. 구체적으로 계획을 세워 단계적으로 실행하되, 지역역량을 종합적으로 활용한다면 수월하게 문제를 풀어갈 수 있다.

생활환경은 주민들이 일상에서 피부로 느끼는 분야다. 구 차원에서 관리할 수 있는 생활환경 요소는 청소, 기초질서, 공원녹지, 교통환경 등 4개 분야로 나눌 수 있다.

도시 청소는 집안 청소에 비유된다. 하루만 쓸고 닦지 않아도 흐트러지고 엉망인 느낌이 든다. 처음 서구청장에 취임하여 살펴보니 일부 원룸촌이나 신흥 상가, 동네의 뒷골목 등은 청소의 사각지대나 다름없었고, 환경미화원이 부족해 거리 청소도 제대로 이루어지지 않았다. 게다가 음식물쓰레기는 매년 증가하고 있었다.

주민과 함께하는 청소관리체계를 정착시키면서 변화가 시작되었다. 서구의 18개 동에는 110개 공공봉사 자생단체 총 1,795명이 참여하는 자발적 주민조직인 클린협의회가 있다. 이들과 각 마을의 청소 문제를 협의했고, 담당구역을 정해 이면도로와 골목길 등 청소 취약지를 정기적으로 청소하기 시작했다. 주민들의 자율적인 청소활동으로 청소 취약지가 눈에 띄게 감소했고, 쓰레기 무단투기가 줄어들면서 거리가 몰라보게 깨끗해졌다는 이야기를 자주 듣는다.

한 지역의 쓰레기를 방치하면 그쪽만 더러워지는 것이 아니라 곧 지역 전체로 번져나가는 일이 벌어지게 된다.

무단투기를 방치하기 시작하면 눈덩이처럼 그 지역에 새로운 쓰레기더미가 쌓이게 되고, 무질서는 또 다른 무질서를 낳는다. 미국의 범죄학자 조지 켈링(George Kelling)과 정치학자 제임스 윌슨(James Wilson)이 명명한 '깨진 유리창 법칙'이 이를 잘 보여준다. 유리창이 깨진 자동차를 거리에 방치하면 사회의 법과 질서가 지켜지지 않고 있다는 메시지로 읽혀서 더 큰 범죄로 이어질 가능성이 높다는 이론이다.

서구는 이처럼 주민들이 앞장서서 동네의 자정을 시작했다. 도시를 아름답게 지키고자 하는 주민들 스스로의 기획이자 결정이어서 의미가 더 크다. 진짜 자치는 이런 것이 아닐까.

주민들의 참여로 서구의 재활용품 수거는 늘고 음식물쓰레기는 줄었다. 광주 최초로 도입한 음식물쓰레기 종량제는 그 효과를 톡톡히 보고 있다. 아파트단지에 음식물쓰레기 종량제 장비를 설치한 후로 급격하게 배출량을 줄일 수 있었다. 2017년 말 현재 109개 단지 893대(65%)의 종량제 장비가 설치되어 음식물쓰레기가 전년 대비 3분의 1 이상 감소했다. 앞으로도 주민이 자율적으로 참여하는 청소체계를 만들고 장비와 시설을 현대화하며 각종 폐기물을 지속적으로 줄여나갈 예정이다.

서구는 광주의 중심 번화가답게 불법광고물도 많다. 유흥상가가 밀집한 상무지구는 하루가 멀다 하고 뿌려지는 선정성 높은 전단지와 매일매일 전쟁을 치른다. 주민 스스로 문제의식을 가지고 이를 줄여나가는 문화적 성숙도가 이러한 문제를 해결하는 큰 힘이 될 수 있다고 믿는다.

도심거리 특히 교차로에 걸리는 플래카드도 골칫거리다. 거리마다 덕지덕지 걸리는 플래카드는 서민경제를 이유로 배려해왔지만 이제는 더이상 방치할 수 없는 지경에 이르렀다. 특히 각종 아파트 분양 홍보 플래카드는 악질적이고 도를 넘었다. 과태료를 물더라도 광고효과가 크다고 생각하고 계속 붙인다. 업자는 붙이고 행정은 단속을 반복한다. 처벌의 강도가 낮아 악순환이 계속되는 것이다. 하지만 광고물 단속이 일선 공무원, 마을지도자, 광고물협회 등의 꾸준한 노력으로 비교적 질서를 잡아가고 있어 다행으로 생각한다.

자동차 등록대수가 해마다 증가하는 가운데 단속장비를 현대화해 부지런히 불법 주정차를 줄이도록 계도하고 있다. 또한 구도심과 주택가의 심각한 주차난을 해소하기 위해 공영주차장을 꾸준히 보완해나가고 있다. 안전하고 편리한 교통환경의 중요성은 아무리 강조해도 지나치지 않을 것이다. 어린이가 안전하게 통행할 수 있는 보행환경을 만드는 것도 당면 과제다.

정서적 안정과 편안한 휴식을 누릴 수 있는 생활환경을 만드는 것 역시 또 하나의 종합복지다. 쾌적한 생활환경이 삶의 질을 좌우한다.

제2부

이것이
서구형
품질자치다

'**서구의** 자치 품질을 얼마나 높일 수 있을까?'

지난 4년간 서구의 구정을 이끌면서 늘 스스로 되뇌곤 하던 말이다. 일부 주민들은 4년 전과 후가 눈에 띄게 달라졌다고 '西프라이즈 서구'라며 추켜세운다. 괄목할 만한 발전상을 보여준 품질자치에 대한 칭찬이다. 품질자치의 기준은 명료하다. 주민의, 주민에 의한, 주민을 위한 행정이어야 진정한 품질자치다. 주민들의 자치의식 성장과 주민들의 참여가 바탕이 되어야 한다.

주민들의 삶은 실제로 어떻게 변화했는가. 도덕성과 공동체정신을 바탕으로 품격이 살아 있는 도시, 희망을 만들어가는 도시로 변모하고 있는가.

적지 않은 주민들이 흔쾌히 합격점을 준 것에 감사한다.

현장에서 주민과 함께 문제를 제기하고 문제를 해결하는 정책을 펴기 위해 애썼다. 우선 주민들의 상부상조 정신을 되살려 복지 사각지대를 해소하고 맞춤형 복지를 강화했다. 지방의 재정 여건은 열악한데 국가의 공적 부조만으로 해결할 수 없는 다양한 복지수요가 있기 때문이다. 그 결과, 지역사회와 주민이 어우러지는 우리 서구만의 따뜻한 복지공동체 모델을 만들 수 있었다. 동네 일은 주민들끼리 기획하고 추진하면서 스스로 일하는 보람을 느껴보도록 했다. 과거의 관치적 방식에서 주민자율, 자치방식으로 즐거움과 보람을 느끼고부터는 가속도가 붙었다.

주민자치 육성은 결국 주민들의 자율의식 역량을 어떻게 키워줄 것인가의 문제다. 우리 서구민들의 높은 의식수준이 주민자치육성 2년 만에 전국 최고 수준으로 빠르게 성장할 수 있었다. 또한 아동친화정책을 충실하게 실행해 '유니세프 아동친화도시 인증'을 받아냈다. 열악한 구 재정에도 불구하고 교육지원사업에 대한 투자를 매년 늘림으로써 미래인재 육성을 위한 기반을 다지고 있다. 주민들의 다양한 문화예술 향유 기회와 체계적인 건강관리 프로그램을 제공하게 된 것도 빼놓을 수 없다.

이렇게 자치행정의 품질이 높아지니 주민들의 삶의 질이 향상되고 공무원들 역시 성취감과 보람을 느끼게 된다. 서구의 정책들이 주민들의 호응을 얻으며 전국의 다른 지자체들로부터도 벤치마킹 문의가 쇄도하고 있다.

아동친화도시 선포의
의미와 기대

지난 8월 우리 서구는 유니세프 아동친화도시 인증을 받았다. 전국에서 12번째이자 광주·전남지역에서는 최초다. 3년간의 노력과 땀의 결실로 일궈낸 의미 있는 성과가 아닐 수 없다.

1989년 UN은 아동의 생존·보호·발달·참여 등 4대 기본 권리를 포함한 아동권리협약을 제정했다. 우리나라를 비롯하여 비준에 참여한 세계 196개국은 아동권리협약에 따라 모든 아동의 성장과 안녕을 보호할 수 있도록 환경과 삶의 질을 보장하기로 뜻을 모았다. 이후 유니세프는 아동권리협약이 보장될 수 있는 도시를 유니세프 아동친화도시로 선정, 인증을 하고 있다.

유니세프가 인증하는 아동친화도시란 아동권리협약에 명시

된 18세 미만 모든 아동의 기본 권리를 보장하는 도시를 일컫는다. 안전하고 건강하게 자랄 생존권, 유해환경으로부터 보호받을 보호권, 교육받고 마음껏 놀 수 있는 발달권 그리고 자신의 의견을 말하고 참여할 수 있는 참여권이 그것이다. 1996년 유엔회의에서 발의되었고, 2000년 이탈리아에서 시작해 프랑스와 스페인 등 유럽을 중심으로 확산되어 지금은 전 세계 1,300여 도시에서 아동친화사업이 진행 중이다. 세계적 흐름에 발맞춰 2013년부터 우리나라도 유니세프 아동친화도시 조성을 의욕적으로 추진 중에 있다.

우리 구 역시 2015년 9월 '유니세프 아동친화도시 추진 지방정부 협의회' 가입을 통해 아동친화도시 조성에 첫발을 내딛었다. 같은 해 11월에는 관련 조례를 제정하여 법적, 제도적 장치를 마련했다. 지난해에는 유니세프 한국위원회와 '아동친화도시 조성 업무협약'을 체결하고, 전문가 등으로 구성된 아동친화도시 추진위원회를 발족했다. 그리고 아동친화 정책수립 및 인프라 구축, 교육 및 정보 제공 등 아동 권익증진을 위한 논의를 계속해 왔고, 해외 선진사례 및 아동친화도 조사 등 아동친화도시 조성을 위한 마스터플랜을 수립하기에 이르렀다. 아동의 참여와 시민권, 놀이와 여가, 안전과 보호, 교육, 건강과 위생 등 6대 분야별 58개의 구체적인 실행계획을 4개년 마스터플랜에 담아낸 것이다. 이를 바탕으로 아동 참여와 시민권 보장을 위해 청소년 구정참여단을 운영해 왔다.

학교밖 청소년을 위한 무료급식소와 청소년들에게 진로직업 훈련을 시키는 꿈키움배움학교도 실행계획 가운데 하나다. 청소년들을 위한 문화의집 건립 과정에서 지역 아동들의 의견을 적극 반영했으며, 상무지구 아동친화거리와 테마 어린이공원 조성 시에도 아동들의 목소리를 적극 반영 중에 있다.

물론, 물리적인 시설 확충이나 구호만으로 진정한 아동친화도시가 될 수는 없다. 아동들의 다양한 의견들이 정책결정 과정에 반영되고, 아동을 단순한 보호대상이 아닌 권리의 주체로 지역사회 모두가 인식할 때만 비로소 진정한 아동친화도시로 거듭날 수 있는 것이다. 이를 통해 아동들은 스스로 주체적 시민이라는 점을 깨닫게 될 것이며, 지역사회의 주인으로서 제 역할을 할 수 있을 것이다.

아직은 우리 사회가 아동을 보호의 대상으로만 볼 뿐, 동등한 구성원으로 바라보는 인식이 부족한 게 사실이다. 하지만 아동 행복의 첫걸음은 그들이 마땅히 누려야 할 권리를 존중받는 것에서 시작되어야 한다. 모든 정책에 아동의 의견이 반영됨으로써 아동 스스로 역량을 강화하고 나아가 주민자치의 일원으로 성장할 수 있는 환경을 조성해야 하는 것이다. 지방분권이 갈수록 확대, 강화되는 상황에서 진정한 주민자치를 위해서는 어릴 때부터 주체적인 관심과 경험이 필요하다. 주체적 문화를 어릴 때부터 몸에 익히고 일상화해야 하는 것이다.

앞으로 우리 구는 아동 존중과 아동 이익이 최우선이라는 원칙을 바탕으로 아동들의 권리보장을 위해 지역사회의 역량을 모을 방침이다. 아동이 존중받아 행복해야 부모와 가정이 행복하고, 이는 곧 동네의 행복, 지역의 행복으로 확대될 수 있다. 아동이 건강하고 행복하지 못하면 지역사회나 국가의 미래도 기대할 수 없는 것이다. 지난 2일 우리 구가 대외적으로 아동친화도시를 공식 선포한 이유이자, 대한민국의 모든 도시가 아동친화도시를 지향해야 하는 이유이기도 하다.

권리의 주체로서 아동들이 존중받는 그런 사회, 아동들이 마음껏 행복한 삶을 누릴 수 있는 그런 도시, 머지않아 우리 서구가 진정한 아동친화도시로 우뚝 설 수 있도록 구민 모두가 희망찬 발걸음을 함께하기를 기대한다.

〈전남매일〉 2017-11-16

기 고

아동친화도시 선포의 의미와 기대

임우진
광주광역시 서구청장

지난 8월 우리 서구는 유니세프 아동 친화도시 인증을 받았다. 전국에서 12번째이자 광주·전남지역에서는 최초다. 3년 간의 노력과 땀의 결실로 일궈낸 의미있는 성과가 아닐 수 없다.

1989년 UN은 아동의 생존·보호·발달·참여 등 4대 기본권리를 포함한 아동권리협약을 제정했다. 우리나라를 비롯하여 비준에 참여한 세계 196개국은 아동권리협약에 따라 모든 아동의 성장과 안녕을 보호할 수 있도록 환경과 삶의 질을 보장하기로 뜻을 모았다. 이후 유니세프는 아동권리협약이 보장될 수 있는 도시를 유니세프 아동친화도시로 선정, 인증을 하고 있다.

유니세프가 인증하는 아동친화도시란 아동권리협약에 명시된 18세 미만 모든 아동의 기본 권리를 보장하는 도시를 일컫는다. 안전하고 건강하게 자랄 생존권,

유해 환경으로부터 보호받을 보호권, 교육받고 마음껏 놀 수 있는 발달권 그리고 자신의 의견을 말하고 참여할 수 있는 참여권이 그것이다. 1996년 유엔해비타트에서 발의되었고, 2000년 이탈리아에서 시작해 프랑스와 스페인 등 유럽을 중심으로 확산되어 지금은 전 세계 1,300여 도시에서 아동친화사업이 진행중이다. 세계적 흐름에 발맞춰 2013년부터 우리나라도 유니세프 아동친화도시 조성을 의욕적으로 추진중에 있다.

아동친화사업은 세계적 흐름

우리 구 역시 2015년 9월 '유니세프 아동친화도시 추진 지방정부 협의회' 가입을 통해 아동친화도시 조성에 첫 발을 내딛었다. 같은 해 11월에는 관련 조례를 제정하여 법적, 제도적 장치를 마련했다. 지난해에는 유니세프 한국위원회와 '아동친화도시 조성 업무협약'을 체결했고, 전문가 등으로 구성된 아동친화도시 추진위원회를 발족했다. 그리고 아동친화 정책수립 및 인프라 구축, 교육 및 정보 제공 등 아동 권익증진을 위한 논의를 해 왔고, 해외 선진사례 및 아동친화도시 조사 등 아동친화도시 조성을 위한 마스터 플랜을 수립하기에 이른다. 아동의 참여권, 놀이와 여가, 안전과 보호,

교육, 건강과 위생 등 6대 분야별 58개의 구체적인 실행계획을 4개년 마스터 플랜에 담아낸 것이다. 이를 바탕으로 아동 참여와 시민권 보장을 위해 청소년 구성원 역두을 운영해 왔다.

학교밖 청소년을 위한 무료급식소와 청소년들에게 진로직업훈련을 시키는 공 꿈을 배움학교도 실행계획 가운데 하나다. 청소년들을 위한 문화의 집 건립 과정에서 지역 아동들의 의견을 적극 반영했으며, 상무지구 아동친화거리와 테마 어린이공원 조성사에도 아동들의 목소리를 적극 반영하고 있다.

물론, 물리적인 시설 확충이나 구호만으로 진정한 아동친화도시가 될 수는 없다. 아동들의 다양한 의견들이 정책결정 과정에 반영되고, 아동들을 단순한 보호대상이 아닌 권리의 주체로 지역사회 모두가 인식할 때만이 비로소 진정한 아동친화도시로 거듭날 수 있다는 것이다. 이를 통해 아동들은 스스로 주체의 시민이라는 점을 깨닫게 될 것이며, 지역 사회의 주인으로서 제 역할을 할 수 있을 것이다.

아직은 우리 사회가 아동을 보호의 대상으로만 볼 뿐, 동등한 구성원으로 바라보는 인식이 부족한 게 사실이다. 하지만 아동 행복의 첫걸음은 그들이 다양한 누려야 권리를 존중받는 것에서 시작되어야 한다. 모든 정책에 아동의 의견이 반

영됨으로써 아동 스스로 역량을 강화하고 나아가 주민자치의 일원으로 성장할 수 있는 환경을 조성해야 하는 것이다. 지방분권의 감수록 확대, 강화되는 상황에서 진정한 주민자치를 위해서는 어릴 때부터 주체적 참심과 경험이 필요하다. 주민 주체적 문화를 어릴 때부터 몸에 익히고 일상화해야 하는 것이다.

서구 '아동 권리보장' 선도

앞으로 우리 구는 아동 존중과 아동 이익이 최우선이라는 원칙을 바탕으로 아동들의 권리보장을 위해 지역사회의 역량을 모을 방침이다. 아동이 존중받아 행복해야 부모와 가정이 행복하고, 이는 곧 동네의 행복, 지역의 행복으로 확대될 수 있다. 아동이 건강하고 행복하지 못하면 지역사회나 국가의 미래도 기대할 수 없는 것이다. 지난 2일 우리 구가 대외적으로 아동친화도시를 공식 선포한 이유이자, 대한민국의 모든 도시가 아동친화도시를 지향해야 하는 이유이기도 하다.

권리의 주체로서 아동들이 존중받는 그런 사회, 아동들이 마음껏 행복한 삶을 누릴수 그런 도시, 머지않아 우리 서구가 진정한 아동친화도시로 우뚝 설수 있도록 구민 모두가 희망찬 발걸음을 함께하기를 기대한다.

'우리동네 수호천사',
동네 복지는
우리가 해결한다

양3동에서 처음 시작된 복지공동체 모델인 '우리동네 수호천사'는 서구의 자랑거리다. 2014년 취임 후 복지 분야를 살피다 보니 양3동에 복지위원회라는 주민자율조직이 있는 것이 눈에 띄었다. 알고 보니 주민 34명이 매달 내는 후원금으로 주민센터 앞에 쌀뒤주를 마련해 무인 쌀 배급소를 운영하고 있었다. 서구에서 소득수준이 가장 낮은 편인 양3동 주민들이 놀라운 상부상조 문화를 10년 넘게 유지해 오고 있었던 것이다.

다른 동네에서도 안 될 이유가 없다 싶어 다른 지역으로 확대할 것을 검토했다. 그리고 '우리동네 수호천사를 뽑습니다!'를 모토로 희망자를 공개 모집했다. 참여해보겠다는 사람이 줄을 이었다. 그렇게 양3동에서 시작된 '우리동네 수호천사'는 현재 서구 전체에서 운영되고 있다.

광주 서구 동네마다 이웃을 보살피는 수호천사들이 맹활약 중이다.

    수호천사들은 복지동장, 자원봉사자 등과 함께 어려운 이웃을 찾아내고, 그들에게 따뜻한 사랑으로 필요한 도움을 베풀어 삶의 의욕과 희망을 갖게 한다. 여기에 필요한 돈은 주민과 착한가게 등의 정기 또는 부정기적 후원금으로 충당한다. 현재 3,510명의 후원자와 800여 개의 착한가게가 연간 5억 5,700만 원의 후원금을 쾌척하며 후원활동에 참여하고 있다(2017년말 기준). 전국적으로 '착한가게'의 수가 2만 3,000여 곳이니 그중 약 3.4%가 서구에 있는 셈이다.

    복지 이슈의 포인트는 대략 세 가지다.

    첫째, 정부나 지자체의 예산을 투입하지 않고 주민들이 자체적으로 꾸려가는 지역사회복지다. '우리동네 수호천사'가 대표적이다. '우리동네 수호천사'는 '이웃이 이웃을 살피는' 민관협력 복지공동체의 성공적인 모델이라고 자부한다.

    둘째, 기초생활수급이나 장애인연금 등 국가가 재정을 투입하여 시행하는 법정복지로, 복지의 중심에 해당된다. 법에 의해 관리·운영되므로 예산이 효과적으로 잘 집행되도록 하는 것이 중요하다. 특히 선별적 복지와 보편적 복지의 조화를 기하는 동시에 복지 대상자들의 자립의지를 북돋워 줄 수 있는 정책이 필요하다.

셋째, 아동과 장애인, 여성, 다문화 가족, 노인 등 복지수요에 따른 대상별 복지다. 대상별 복지는 국가 차원과 지역 차원에서 이루어지고 있는데, 서구는 다른 지역과 차별성 있게 더 나은 수준으로 시행하려고 노력 중이다.

지방재정은 열악한데 복지 수요는 나날이 증가한다. 서구를 비롯한 모든 지방정부의 고민은 재정의 한계를 극복하고 복지 사각지대를 해소하기 위해 어떻게 대응할 것인가다. 이제는 주민 참여형 복지전달체계를 구축함으로써 지역 복지문제를 해결해야 한다. 자치단체는 주민 스스로 복지공동체의 기틀을 마련하도록 지원할 필요가 있다. 지역 내에서 '우리 동네 어려운 사람은 우리가 돕는다'는 상부상조 정신을 되살리는 것이다.

서구는 일찍이 주민주도적 복지사업을 전개하고 수혜자 맞춤형 서비스를 제공해 주목할 만한 성과를 거두었다. 덕분에 대한민국 민관협력 복지공동체의 롤모델로 부상하면서 보건복지부 주관 '지역복지사업평가'에서 3년 연속 대상을, 행정자치부 주최 '지방자치 경영대전'에서 국무총리상을 수상했다. '우리동네 수호천사'는 지방자치단체가 지향해야 할 바람직한 복지모델을 제시하고 있는 셈이다. 이처럼 애향심에 기반을 둔 참여와 헌신, 봉사를 어떻게 이끌어내느냐가 관건이다.

—

내 책상을
갖고 싶어요

"나도 내 책상을 갖고 싶어요!"

모든 물자가 넘쳐나는 풍요로운 세상이지만, 자기 책상과 의자가 없는 아이들도 여전히 적지 않다. 실제로 살펴보니 우리 서구 관내에도 '내 책상에서 책을 보거나 숙제하는 게 꿈'인 아이들이 적잖았다. 사연이 전해지자 서구민 전체가 한 가족이 되어 후원에 나섰다. 그리고 지역사회와 사회복지공동모금회가 공동캠페인을 벌여 2억 5,900만 원을 모아서 475명의 아이들에게 책상을 선물했다.

장애를 가진 한 아이의 엄마는 게임만 하던 아이가 새 책상에 앉아 공부하는 모습을 보며 눈물을 멈출 수 없었다고 한다. 또 부모 잃은 쌍둥이 손주를 홀로 키우는 한 할머니는 방에 새 책상 두 개가 나란히 놓인 모습을 보고 밤새 우셨다고 한다. 어느 한부모가정 어머니는 새로 생긴 책상 앞에서 너무나 좋아하는 딸아이의 모습을 보며 새로운 희망을 발견했다고 한다.

책상을 선물하는 것은 아이들에게 꿈과 희망을 선물하는 것이다. 부디 아이들이 자기 꿈을 이루고 사회에서 필요로 하는 훌륭한 인재로 성장하길 소망한다.

'책상 없는 아이 0% 만들기'는 '서구민 한 가족 나눔 운동'의 하나인 '희망플러스사업' 가운데 하나다. '서구민 한 가족 나눔 운동'은 서구 주민들의 나눔 실천을 지원하는 종합프로그램으로 '희망플러스사업' '서민생활 도우미제' '서구민 한 가족 결연사업' 등으로 구성돼 있다. 이 가운데 '희망플러스사업'은 지역사회에서 발굴한 복지자원을 활용해 다양한 복지서비스를 제공하는 사업이다. '책상 없는 아이 0% 만들기'를 비롯해 '소원성취 프로젝트' '인재육성 프로젝트' '찬 나눔' 등 16개 사업을 통해 7억 8,000만 원 상당의 서비스를 제공해 왔다.

'서민생활 도우미제'는 후원자들이 집이나 보일러, 컴퓨터 등을 고쳐주는 '찾아가는 방문서비스'를 제공한다. 지금까지 공영

장례 등 2,200건의 서비스를 제공해 복지사각지대 해소에 크게 기여했다. '서구민 한 가족 결연사업'은 개인, 약국, 식당 등이 매월 CMS나 현물후원으로 저소득가정을 지원하는 사업이다.

이처럼 서구는 촘촘한 복지네트워크를 구축했다. 다른 자치단체들에 비해 지역복지 수준이 높은 편이며, 전국적으로도 상위권에 속한다.

서구의 복지는 주민 주도성과 주민 자율성을 최우선에 둔다. 주민들이 스스로 복지사각지대를 찾아 수요자를 발굴하고 돕는 방법도 결정한다. 앞에 소개한 '책상 없는 아이 0% 만들기'도 책상 없는 아이들이 있고, 이들이 가장 꿈꾸는 것이 내 책상을 갖는 것이라는 것을 알게 된 주민들의 제안에서 시작한 것이다.

동네마다 여건이 다르기 때문에 일괄복지보다는 맞춤형 복지에서 답을 찾았다. 인력이 필요할 때는 수호천사와 자원봉사자들이 직접 나서고, 재정이 필요할 때는 모아둔 후원금을 사용한다.

다음은 복지 수혜대상자의 상황을 우선적으로 고려한다는 점이다. 개별적 사정을 고려한 맞춤형 복지다. 외로운 어르신들에게는 고희 잔치를 열어드리고, 소년소녀 가장들에게는 외식과 나들이를 시켜주는 등 개별화된 복지서비스를 제공한다. 마지막

모든 물자가 넘쳐나는 풍요로운 세상이지만,
자기 책상과 의자가 없는 아이들도 여전히 적지 않다.
지역사회와 사회복지공동모금회가 공동캠페인을 벌여
475명의 아이들에게 책상을 선물했다.

에 언급한다고 해서 중요성이 떨어진다고 자칫 오해해서는 곤란하다. 오히려 가장 중요한 사항이다.

서구형 복지의 가장 큰 자랑은 사랑과 정이 오가는 복지다. '문안서비스'의 경우 마을 반장이 돌봄이 필요한 세대에 정기적으로 반찬을 갖다드리면서 안부를 묻고 난방 상태 등을 살핀다. 이웃의 안부를 챙기고 고독사를 예방하는 따뜻한 돌봄 문화다.

이 세 가지가 서구 복지의 방향이자 내용이다.

'가마솥
부뚜막공동체'를
아시나요?

양3동에는 샘물경로당 할머니들을 중심으로 '가마솥부뚜막공동체'가 활발하게 운영되고 있다. 이영희 회장을 중심으로 28명의 회원으로 구성된 이들은 양3동 발산마을의 공동체문화를 주도하고 있다.

평균 연령 80세의 '발산 할매 포토그래퍼'들은 사진을 촬영해주고, '행복줍기'라는 마을 정화활동도 매주 사흘간 펼친다. 학생들을 대상으로 행복줍기 교육도 한다. 행복줍기 활동 후에는 경로당에 설치된 가마솥에 푸짐하게 떡국을 끓여 나눠 먹는 정겨운 '가마솥데이'가 이어진다.

도시재생사업으로 '청춘발산'이라는 새로운 이름을 얻은 양

3동(발산마을)은 주민의 절반 가까이가 고령자다. 65세 이상 인구 비중이 20% 이상일 경우 '초고령사회'로 분류를 하고 있으니, 이 지역은 초초고령사회라고 봐야 맞을 것 같다.

도심 공동화 현상으로 달동네로 전락했던 발산마을은 경로당 할머니들의 활약에 힘입어 새롭게 탄생했다. 이들의 활약은 가마솥부뚜막공동체에 뿌리를 두고 있다.

발산마을의 사례는 마을공동체가 지역문제를 스스로, 효율적으로 해결할 수 있다는 실제 사례다. 특히 노년층의 소득 증대와 일자리 창출에도 기여하고 있어서 고령화의 해법도 찾을 수 있다. 덕분에 마을공동체 선진우수사례마을로 선정되어 경남 사천에서까지 발산마을의 하루를 체험하러 오기도 했다. 마을 어르신들이 직접 마을을 소개하는 '발산 마을투어'도 운영되고 있다.

고독사와 자살 등이 빈발하던 상무2동도 '이웃사촌 마을반장' 네트워크가 만들어지면서 새롭게 변신하고 있다. 저소득층과 고령자가 다수인 지역 특성을 감안하여 새로운 지원사업을 개발한 결과다. 주민들은 마을반상회에 참석하고 마을텃밭을 함께 가꾸며 서로 소통하기 시작했다. 또 '희망마을학당'에서 열리는 감정코칭, 건강교육, 마을공동체교육, 인문학 강의 등 다양한 교육프로그램에 참여하며 지적 소양을 쌓고 있다.

　　마을반장들도 매일 주민들의 안부를 살피며 복지 사각지대 해소에 집중하고 있다. 그 결과, 상무2동의 주민들은 무기력과 좌절감에서 탈출해 이웃과 소통하고 협력하는 관계로 나아가고 있다. 이웃끼리 보듬고 정을 나누는 이웃사촌의 전통이 부활한 셈이다.

　　상무2동과 이웃해 있는 상무1동에서는 홀몸 어르신들을 대상으로 '화려한 날의 추억 만들기' 사업이 진행되고 있다. 상무1동 보장협의체 위원들이 어르신들과 1:1 결연을 맺어 '일일 자녀 되어 드리기' '한 끼 식사 차려드리기' '추억의 영화 같이 감상하기' 등 효심 깊은 이벤트를 해드리고 있다.

　　또한 서구에는 이웃들의 후원으로 꿈을 키워가는 인재가 22명이나 있다. 재능 있는 아동을 발굴해 후원하는 희망플러스 사업의 '인재 육성 프로젝트'다. 새벽에 광주천변에서 골프를 연습하던 골프신동 진규(가명)와 야간 아르바이트를 하면서 펜싱 선수의 꿈을 키워가던 대영(가명)에게 이 프로젝트는 하나의 전환점이 되었다. 진규는 최연소 골프 국가대표로 선발된 데 이어 2016 KPGA 주니어컵 골프대회에서 우승했고, 대영이는 2015세계유소년펜싱선수권대회 1위, 제96회 전국체육대회 펜싱단체 1위

도시재생사업으로 '청춘발산'이라는
새로운 이름을 얻은 양3동(발산마을)은 주민의
절반 가까이가 고령자다. 하지만 경로당 할머니들의
활약에 힘입어 새롭게 탄생했다. 이들의 활약은
가마솥부뚜막공동체에 그 뿌리를 두고 있다.

의 성적을 거두었다. 그림을 잘 그리는 민서(가명)도 이 프로젝트 덕분에 제54회 전국학생미술실기대회 정물화 특선, K-art 국제문화교류협회 국제중고등학생 미술공모전 입선 등의 결실을 거두었다.

희망을 건진 아이들이 단 한 명만 나와도 우리의 프로젝트는 성공이다. 그런데 이렇게 많은 별을 보았으니, 가슴 벅찬 일이 아닐 수 없다.

서구의 주민주도형 복지활동은 보건복지부의 '지역복지 우수모델'로 선정된 데 이어 2017지역사회보장협의체 운영매뉴얼, 2017희망복지지원단 운영지침에 수록되면서 전국적인 교과서가 되었다. 지역복지를 선도하는 자치단체로 인정받은 덕분에 구청에 연일 손님이 끊이지 않고 있다. 그동안 다녀간 손님만 해도 전국적으로 어림잡아 1만여 명에 이른다. 강의 요청도 쇄도해 동네 지도자들이 강사로 전국을 누비고 있다.

어떻게 그토록 짧은 시간에 주민자치복지공동체를 만들어 성공적으로 운영하고 있는지, 다들 그 노하우를 궁금해 한다.

'호동이네 마을신문'이
배달되었습니다

금호1동 주민들에게는 매월 '호동이네 마을신문'이 배달된다. 주민들은 마을신문을 통해 동네 소식을 접하고 소통한다. 또 마을 커뮤니티 공간에서 만나 서로 안부를 묻고 문화프로그램 강좌를 함께 듣는다. 금호1동 주민들에게는 매년 상무초등학교 운동장에서 열리는 '호동이네 별밤캠프'에 참가하는 것이 큰 즐거움이다. 100여 명이 어울려 가족과 함께 지역을 탐방하고 레크리에이션과 장기자랑을 즐기며 백석산에 올라 숲체험을 한다.

해마다 열리는 '어울림한마당축제'도 빼놓을 수 없는 금호1동의 자랑거리다. 2017년에는 금부초등학교에서 개최되었는데 성악, 난타, 플루트, 라인댄스 등의 공연과 가수 유현상 등이 출연한 효(孝) 콘서트, 아로마테라피와 도자기체험 등의 재능나눔체험, 학교별 동아리 솜씨자랑, 사회적경제 나눔장터 등이 열려 주민들의 열렬한 호응을 얻었다.

택지개발로 형성된 금호1동 아파트촌에는 젊은 층과 장·노년층, 중산층과 저소득층 등 다양한 주민들이 어울려 살고 있다. 금호1동의 변화가 시작된 것은 민선 6기가 시작된 2014년 하반기부터다. 그 전까지는 아파트 밀집지역의 특성상 주민들도 서로 무관심했고 동네에 문제가 생겨도 각자 개별적으로 민원을 제기하곤 했다. 자치활동이라고 해봤자 관 주도의 행사 또는 매해 반복되는 봉사활동이 전부였다.

그러던 금호1동이 상전벽해 수준의 변화를 맞았다. 현재 금호1동에는 주민자치회를 중심으로 20개 단체가 네트워크를 만들어 활동하고 있다. 2015년 6월 창간되어 월 5,000부를 발행하고 있는 '호동이네 마을신문'은 기자단만 해도 초·중학생 25명, 성인 15명에 이른다.

어울림한마당축제도 예전에는 먹거리 판매와 장기자랑 위주의 소규모 행사였지만 여러 단체들이 추진위를 구성해 준비하면서 마을 전체가 함께 즐기는 종합축제로 발전했다.

이런 활동의 결과로 금호1동의 주민자치는 2015년 서구 으뜸마을 자랑대회에서 대상을 수상했고, 2017년 광주광역시 주관 '협치마을 모델사업' 공모에 선정된 데 이어 전국 주민자치박람회 본선에 진출, 최우상을 수상하는 쾌거를 거두었다. 금호1동의 주민들은 오늘도 주민자치회를 중심으로 마을계획단을 만들어 중장기 발전계획을 실천해가고 있다. 이처럼 주민이 주인으로서의 의식을 찾으면 주민자치가 활성화되고 지역공동체가 회복된다.

주민이 지역의 문제를 직접 처리하거나 의원 혹은 단체장 등 대리인을 통해 수행하는 것이 지방자치다. 그래서 지방자치에서는 법적으로든 이론적으로든 주민이 주인이자 주체다. 물론 자치권도 주민으로부터 나온다. 하지만 사실상 대부분의 지역에서 주민들은 그런 역할을 수행하지 못하고 있다. 뿐만 아니다. 선출직 공직자들의 연임 욕심 때문에 추방되어야 할 구시대적 자치문화가 아직도 온존하고 있다. 구태 청산에 나서야 할 단체장들이 권력에 눈이 멀어 구태에 의존하고 있다. 이처럼 단체장들이 구시대적 자치문화에서 벗어나지 못하고 있는 현실에서, 이를 강제할 수 있는 힘은 오로지 주민들의 냉정한 평가뿐이다.

주민들의 냉정한 평가는 성숙한 자치의식과 자치역량에서

나온다. 따라서 주민들의 자치의식과 자치역량을 키우기 위한 노력을 계속해야 한다. 물론 단기간에 성과를 거둘 수 없는 일이다. 하지만 시일이 걸리더라도 멈추지 않고 계속해야 한다. 그것이 지방자치의 본질적 책무이기 때문이다.

주민이 실질적인 주인이 되어야 진정한 주인 대접을 받을 수 있고 지역에서 특정인이 영향력을 과도하게 행사하는 것을 막을 수 있다.

—

쌍쌍장터에
자치 꽃이 피었습니다

상무2동 쌍학공원에서는 매월 셋째 주 토요일마다(3월~11월) 쌍쌍장터
가 열린다. '쌍쌍파티'처럼 흥겨운 쌍쌍장터는, 주민 누구나 참여할 수 있
는 벼룩시장이다. 아이들이 장난감과 인형, 책 등을 갖고 나와 팔기도 하
고 할머니들이 직접 말린 고사리를 들고 와 즉석 좌판을 벌이기도 한다.
마을 장터답게 천원국수, 해물야채전 등 다양한 먹거리도 마련되어 있다.
쌍학공원에서는 이밖에도 매년 가족愛운동회, 쌍쌍듀오청소년가요제,
쌍쌍콩쿠르대회, 산타대작전 출정식, 5.18기념마을축제, 청소년캠프 등
다양한 행사가 열린다. 겨울이면 세워지는 거대한 희망트리는 오래오래
잔잔한 빛을 발한다.
음주와 폭행 등 온갖 사고의 진원지였던 쌍학공원이 행복하고 즐거운 만

남의 공간으로 거듭난 것이다.

쌍학공원의 변신은 실로 놀랍다. 상무2동은 서구 최초의 영구임대아파트 단지로 서구 기초수급자의 약 5분의 1이 거주하는 저소득층 밀집지역이다. 그 가운데 있는 쌍학공원은 알코올 중독자들의 집합소나 다름없어 주민들이 기피하는 공간이었다.

그러나 2014년 하반기 '쌍쌍일촌'이 출범하면서 변화가 찾아왔다. '쌍쌍일촌'은 상무2동에 있는 복지기관과 사회단체, 자생단체 등 마을단체들로 구성된 주민협의체다. 마을단체들이 연대해 동(洞)을 대표하는 기구로 만들어진 '주민협의체'는 금호1동의 '호동이네', 양3동의 '가마솥부뚜막공동체', 화정1동의 '마을공동체 추진위원회' 등이다.

쌍쌍일촌은 우선 골칫거리였던 쌍학공원 개선에 나섰고, 이것이 변화의 출발점이 되었다. 이제 상무2동 주민들은 스스로 공원을 청소하고, 주민들 사이에 불상사가 생겨도 자율적으로 해결하고 있다. 상무2동의 자치활동은 2016년 서구 으뜸마을 자랑대회 최우수상과 광주광역시 우리마을 자랑대회 대상을 수상한 데 이어 2017년 전국주민자치박람회 본선에까지 진출하여 최우수상을 수상했다. 주민자치활동이 질적으로 변화하고 있음을 보여주는 좋은 증거다.

예전의 자치활동은 주민자치위원회와 자생단체를 중심으로 마을청소, 이웃돕기, 방범활동 등 관 주도 행사나 단순 봉사활동에 참여하는 게 고작이었다. 하지만 마을사업이 점점 다양화되고 고도화됨에 따라 자치활동도 청소나 복지, 방범 등에 머물지 않고 마을미디어, 교육공동체 등으로 확대되고 있다. 마을공동체가 협동조합을 결성하여 사회적 경제활동으로 발전하는 경우도 늘고 있다.

이러한 질적 변화는 양적 변화와 무관하지 않다. 또한 자치위원 중 여성위원의 비율이 늘어나면서 자치위원 구성도 다양해지고 있다.

이제 주민들은 관이 주도하는 방식에서 벗어나 참다운 주민 주체의 자치를 실현해가고 있다. 우리 서구에서도 주민이 스스로 마을활동을 기획 · 추진하면 공무원은 이를 보조하는 양상으로 변화하고 있다.

유니세프가 인증한
아동친화도시

지난 2017년 11월 2일, 상무시민공원에서는 주민 1,000여 명이 참석한 가운데 유니세프 아동친화도시 인증 선포식이 열렸다. 유니세프한국위원회 서대원 사무총장이 인증서를 전달하고 어린이 대표가 인증 선포문을 낭독했다. 행사 마지막에는 참석한 내빈과 어린이들이 "아동이 행복한 세상 함께 만들어요!"란 구호를 외치며 다 함께 하늘에 풍선을 날리는 퍼포먼스를 펼쳤다. 이날 선포식에서는 '아동권리홍보대사' 포토존, 아동을 위한 체험교실 등 다채로운 행사가 열려 어린이들의 마음을 사로잡았다.

일반적으로 지방자치나 자치행정, 주민자치 등의 낱말에서 '어린이'를 먼저 떠올리는 사람은 많지 않을 것이다. 하지만 서구는 전 세계 아동들의 권리를 지키는 유니세프로부터 아동친화도시 인증을 받음으로써 '주민'의 개념 속에 청소년과 어린이를 포함하고 있음을 널리 알렸다.

유니세프(UNICEF)는 어린이와 청소년이 생존권·보호권·발달권·참여권 등 아동의 4대 권리를 온전히 누리는 도시를 선정해 아동친화도시(Child Friendly Cities)로 인증하고 있다. 2013년 서울 성북구를 시작으로 11개의 도시가 아동친화도시로 인증되었고, 광주 서구는 2017년 8월 17일 전국에서는 12번째로, 광주·전남에서는 최초로 인증되었다. 전국 226개 기초자치도시 가운데 당당히 12번째로 이름을 올린 것이다.

이를 위해 서구는 전남대 산학협력단과 연계하여 아동실태조사를 실시, 58개 사업을 선정해 아동친화도시 조성을 위한 4개년 계획을 추진 중이다.

아동친화도시가 성공적으로 정착되기 위해서는 아동을 바라보는 관점이 바뀌어야 하고, 법적·제도적 기반이 조성되어야 한다. 우리 사회는 아동을 당당한 하나의 구성원으로, 권리

의 주체로 바라보는 인식이 아직 부족하다. 앞으로 아동친화도시의 필요성을 널리 알리고 아동에 대한 인식의 변화를 유도해 나갈 계획이다.

아동친화도시는 아동 정책을 수립할 때 아동들의 의견을 반영한다. 서구는 이미 청소년구정참여단 등 아동들의 의견을 적극 수렴, 반영하고 있다는 평가를 받고 있다. 그만큼 아동들의 다양한 제안을 받고 있다. 그 가운데 건전하고 활용도 높은 아동 전용 공간을 만들어달라는 의견이 가장 많다. 물론 다양한 제안들을 정책에 적극 반영할 계획이다.

우리 서구의 아동친화도시 인증이 아이들도 자기 의견을 자유롭게 표현하고 지역사회의 의사결정에 참여할 수 있는 문화가 만들어지는 계기가 되기를 바란다. 또한 아동이 주민자치의 일원으로 성장할 수 있는 환경이 조성되었으면 한다.

성공적인 주민자치를 위해서는 어려서부터 주민주체적인 문화를 체득하고 일상화되어야 한다. 이제는 아동의 4대 권리 중 참여권에 관심을 가져야 할 시점이다.

서구는 아동의 보호권 강화를 위한 관련 법규도 확대할 방침이다. 지방분권 개헌이 이뤄져 지자체에서 직접 법률을 제정할 수 있게 되면 아동보호법을 더욱 강력하게 적용할 예정이다.

저출산·고령화 현상으로 나날이 인구가 줄어들고, 이로 인해 개개인의 역량과 자질이 더욱 중시되고 있다. 아동친화도시의 중요성이 더욱 강조되는 까닭이다. 하지만 국내에서는 아직 아동친화도시에 대한 관심이 많이 부족하다.

아동의 이익이 가장 우선되고, 아동의 권리가 존중되도록 아동에 대한 인식 개선과 아동인권 보호를 위해 서구가 앞장서고자 한다.

유니세프(UNICEF)는 아동의 4대 권리를 온전히 누리는 도시를 선정해 아동친화도시(Child Friendly Cities)로 인증하고 있다. 광주 서구는 2017년 8월 17일 전국에서는 12번째, 광주·전남에서는 최초로 아동친화도시(Child Friendly Cities)로 인증받았다.

'지역복지사업' 3관왕의 의미

　지난 8일 우리 구는 보건복지부가 주관한 '2016 지역복지사업' 평가에서 3관왕을 차지했다. '맞춤형 복지서비스 부문' 대상, '지역사회보장 운영체계 부문' 공로상 그리고 '복지재정 효율화 부문'에서 최우수상을 수상한 것. 특히, 지난해에 이어 금년에도 대상을 거머쥐며 명실공히 복지를 선도하는 지자체임을 입증하게 됐다. 더욱이 이번 평가는 전국 기초자치단체를 대상으로 지역복지시책을 종합 평가했다는 점에서 2년 연속 '대상' 수상은 시사하는 바가 크다.

　민선 6기 우리 서구는 상부상조와 십시일반의 정신을 바탕으로 이웃이 이웃을 돕고 살피는 복지공동체 구현을 구정의 핵심과제로 정하고 힘을 쏟아왔다. 무엇보다 다양한 민간참여형 복지시책을 발굴하며 복지사각지대 해소와 취약계층 주민들의 생활안정을 위해 다각적인 노력을 기울여왔다. 그런 노력에 힘입어 불과 1년여 만에 대내외적으로 좋은 평가를 받게 됐으며 금년에만 전국 100여개 지자체에서 벤치마킹할 정도로 입소문이 퍼졌다.

알려진 것처럼 복지수요는 해마다 급증하고 있으나 국가나 지방자치단체의 힘만으로는 늘어나는 복지수요를 감당하기 힘든 상황에 놓여 있다. 다시 말해 중앙이나 지방정부의 제도나 정책만으로는 복지사각지대 취약계층의 문제를 해결할 수 없게 된 것이다. 복지가 지속되어야 하고, 더욱 확대되어야 하는 이유이며 우리 구가 새로운 복지모델을 발굴·추진하게 된 배경이기도 하다.

필자는 민선 6기 구청장 취임 이후 공적부조의 한계를 극복할 수 있는 대안으로 마을공동체 복원을 꼽았다. 특히, 지역 주민들과 머리를 맞대고 마을단위 공동체 사업을 발굴, 확산시키는 데 힘을 쏟아왔다. 그 대표적인 사례가 바로 발산마을의 '가마솥부뚜막공동체'다.

'가마솥부뚜막공동체'는 우리 서구 지역에서도 대표적인 구

공급자와 수혜자를 맞춤형으로 연결하는 '희망플러스사업'은 마을공동체 정신을 바탕으로 펼쳐지는 민·관 협력사업 중 하나다.

도심 지역인 양3동 발산마을 경로당 어르신들로 구성된 단체로 집밥체험, 가마솥데이 등 마을 특성에 맞는 이색적인 사업을 추진 중에 있다. '집밥체험'은 다양한 도시재생사업이 진행 중인 발산마을의 경쟁력 강화를 위한 주민 주도의 공동체 사업으로, 마을을 방문하는 외지 손님들에게 어머니의 손맛과 고향의 정(情)을 느낄 수 있도록 경로당 어르신들이 손수 밥을 지어 판매하는 프로그램이다.

'가마솥데이'는 마을의 뜻 있는 분들의 후원으로 매월 지역 주민들이 모여 식사를 함께하며 이웃 간의 정과 유대 강화를 위해 마련하는 행사다. 두 사업 모두 기획단계부터 실행에 이르기까지 모든 과정을 주민들이 직접 추진해나가고 있으며, 마을공동체 복원을 통해 따뜻한 마을, 웃음꽃 피는 마을로 거듭나기 위해 힘을 모으고 있다.

마을공동체 정신을 바탕으로 펼쳐지는 민·관 협력사업은 이뿐만이 아니다. '서구민 한 가족 나눔운동'과 '우리동네 수호천사'가 대표적인 민관 협력사업으로 서구민 한 가족 나눔운동으로는 어려운 이웃에게 매월 일정금액을 후원하는 '1:1결연사업', 공급자와 수혜자를 맞춤형으로 연결하는 '희망플러스사업' 그리고 일상생활의 크고 작은 어려움을 해결해 주는 '서민생활 도우미제' 등이 있다.

'우리동네 수호천사'는 복지사각지대 발굴 지원, 돌봄서비스, 마을별 특화사업 등 다양한 복지서비스를 제공하는 마을단위 사업이다. 이와 함께 보건복지부가 선정한 복지허브화사업 시범지역인 금호1동과 풍암동 등 6개 동에서는 복지사각지대 발굴단 운영, 독거노인 돌봄사업, 집 고쳐주기, 저소득층 후원 등 다채로운 복지사업을 펼치고 있다.

이처럼 우리 구가 복지 분야에서 괄목할 만한 성과를 거둔 것은 지역 주민들이 주체가 되어 자율적으로 지역사회를 만들어 가려는 노력이 있었기 때문이다. 무엇보다 주민들의 자발성, 자생력, 주체성의 바탕 위에 어려운 이웃을 돕는 시스템이 작동되었기에 짧은 기간이었지만 그 성과가 빠르게 나타나고 있다.

오늘날 복지의 문제는 정부의 지원과 노력만으로는 해결할 수 없다. 이제는 지역사회가 민관 협력체계를 강화하고 지역의 리더들이 주축이 되어 마을의 복지공동체 조성을 위해 힘을 모아야 한다. 우리 구 역시 공적부조의 한계를 극복하기 위한 마을 공동체 복원을 통해 이웃이 이웃을 돕고 살피는 복지공동체를 만들어가는 데 가일층 힘을 쏟을 방침이다. 이를 통해 우리 서구가 지역의 복지사업을 선도하고, 복지의 아이콘으로 오래도록 자리매김하길 기대해본다.

〈전남매일〉 2016-12-15

시론

'지역복지사업' 3관왕의 의미

임우진
광주광역시 서구청장

지난 8일 우리 서구는 보건복지부가 주관한 '2016 지역복지사업' 평가에서 3관왕을 차지했다. '맞춤형 복지서비스 부문' 대상, '지역사회보장 운영체계 부문' 상 그리고 '복지박람회 프로그램 부문'에서 우수상을 수상한 것. 특히, 지난해에 이어 2년연속 대상을 거머쥐며 영남과 호남 복지를 선도하는 지자체임을 입증했다는 평가다.

민선6기 우리 서구는 상부상조의 신시 일반의 전신을 바탕으로 따뜻한 이웃을 돕고 살피는 복지공동체 '구하را' 구현의 핵심 과제로 점찍고 추진 구현을 위해 다양한 관민 참여의 복지사책들 발굴해오며

복지사각지대 해소와 취약계층 주민들의 생활안정을 위해 다각적인 노력을 기울여왔다. 그런 노력에 힘입어 불과 1년 여만에 대표국제도로 좋은 평가를 받게 된 것이다.

복지사각 해소 다각적인 노력

달라진 것처럼 복지수요는 해마다 급증하고 있으나 국가나 지방자치단체의 힘만으로는 이제 늘어나는 복지수요를 감당하기 힘든 상황에 놓여 있다. 다시 말해 중앙이나 지방정부의 제도나 복지만으로는 복지사각지대 취약계층의 문제를 해결할 수 없게 된 것이다. 복지가 지속되어가 된다면 핵심되어가는 이유이며 우리 구가 새로운 복지모델을 발굴·추진하게 된 배경이기도 하다.

원지는 민선6기 구청급 취임 이후 공적 부조의 한계를 극복할 수 있는 대안으로 마을공동체 복원을 꼽았다. 특히, 지역 주민들과 머리를 맞대고 마을단위 공동체 사업을 발굴, 특수시키는데 힘을 쏟아왔다. 그 대표적인 사례가 바로 '빨간밥상' 가족 솔바꾸역 공동체다.

'가마솥밥상 공동체'는 우리 서구 지역에서도 대표적인 구도로 지역의 운동화 빨간밥상 공동터 어르신들로 구성된 단체로 집밥체험, 가마솥데이 등 마을 특성이 맞는 여색적인 사업을 추진했에 있다. '집밥체험'은 다양한 도시락생산사업이 진행중인 업체나하우스 효과를 강화를 위한 주민 수도로 주민과 사업으로써, 마을을 방문한여 여자 손님들에게 여여나과 손맛이 자중과 (와)를 느끼수 있도록 할 복지를 어르신들이 손수 밥을 지어 판매하는 프로그램이다.

'가마솥 데이'는 마을과 맛 있는 분들의 후원으로 매달 지역 주민들을 모여 식사를 함께 하며 이웃간의 호점과 유대 강화를 의해 마련하는 행사다. 부 시설 모두 기획단계 부터 실행에 이르기까지 모든 과정을 인 물론부터와 마을 추진을 나가고 있으며, 마을공동체 복원을 통해 대동한 사람, 웃음 돋과는 마을로 거듭나기 위한 필을 모으고 있다. 마을공동체 정신을 바탕으로 결 지체는 민·관 협력사업 은 한문이 아니다. '서구민한가게 나눔운동'과 '우리동네 수혼관사가' 대표적인 민관 협력사업으로 서구의 한계를 나눔운동으로 어려운 이웃에게 매월 일정금액을 후원하는 '1시공나래', 품과지역 수해가를 맞춤형으로 연결하는 '희망솥나래', 그리고 규모가 크고 작은 여러움을 해결해 주는 '서민내여복지비복'를 한다.

또한 '우리동네 수호천사'는 복지사각지대 발굴 지원, 돌봄서비스, 마을별 특화사업 등 다양한 복지서비스를 제공하는 마을단위 사업이다. 이외에도 보건복지부가 선정한 복지지원사례 지원으로의 금회 통과 분위를 든 6개 권역비는 복지사각지대 발굴과 운영, 복기노인 돌봄사업, 김 고 세우기, 제소하우 후원 등 다채로운 복지사업을 펼치고 있다.

서구 복지 아이콘 자리 '기대'

이제깜 우리 구가 복지분야에서 괄목할 만한 성과를 거둘 데에는 지역 주민들의 주체가 되어 자율적으로 지역사회를 만들어 가려는 노력이 있었기 때문이다. 무엇보다 주민들의 자발성, 자생력, 주체성을 바탕 위에 여러운 이웃을 돕는 시스템의 자동적으로가 완전 기간에 됐기 때문 가 색셋게 나타나고 있다.

오늘날 복지의 문제는 정부의 지원과 노력만으로는 해결할 수 없다. 이제는 지역 사회 민관 협력체계를 강화하고 지역의 리 더들이 주축이 되어 복지공동체 조성을 위해 함을 모아야 할 것이다. 우리 구 역시 공적부조의 한계를 극복하기 위한 마을 공동체 복원을 통해 이웃이 이웃을 돕고 살피는 복지공동체를 만들어 가는데 가일층 힘을 쏟을 방침이다. 이를 통해 우리 서구 지역이 지역의 복지사업을 선도하고, 복지의 아이콘으로 오래도록 자리매김하길 기대해본다.

백년지대계는
기본을 다지는 일부터

우리 서구에는 구민들의 참여로 조성된 장학재단이 있다. 지역사회 인재 양성을 목적으로 하는 '재단법인 광주광역시 서구 장학재단'이다. 2015년 10월 27일, 기금 규모 30억 원으로 출발해 장학금, 연구비, 교육환경개선 사업 등을 지원해왔다. 그간 장학기금은 꾸준히 늘어서 2018년 1월 현재 20억 원에 달한다. 그동안 지급한 장학금은 2016년 4,480만 원(39명), 2017년 9,980만 원(92명)이다.

지역의 유능한 인재들이 경제적 여건 때문에 교육의 기회를 놓치지 않도록 지원하는 것은 사회의 균형발전과 복지사회의 실현을 위해서도 중요하다. 우리 서구는 앞으로도 지역인재 육성을 위해 지원을 아끼지 않을 계획이다.

얼마 전 일본에 출장을 갔다가 어린이 놀이터를 견학할 기회가 있었다. 가와사키 시에 있는 '니시노 히로유키 코도모유메파크(어린이 꿈의 공원)'와 도쿄 세타가야 구 관내의 어린이공원 네 곳을 둘러봤다. 국내에서는 제1호 기적의 놀이터로 알려진 순천 연향지구의 '엉뚱발뚱'과 신대지구에 들어선 제2호 '작전을 시작하자' 등이 이들을 모델로 했다고 한다.

이들 시설의 공통점은 아이들이 마음 놓고 뛰어놀 수 있는 환경을 조성해놨다는 점이다. 모래와 진흙, 잡초, 동굴 등 자연환경을 있는 그대로 놀이도구화해서 아이들이 무엇이든 하고 싶은 대로 해볼 수 있는 장을 열었다. 학교밖 청소년들도 이곳에서 또래들을 만나 교류하며 자신의 진로를 찾아가고 있다고 한다. 아이들에게 금지와 간섭을 하지 않고 '시도'를 격려하는 공간인 셈이다. 위험하고 불결하다는 일부의 비판도 있지만, 그럴 때마다 공원 설립을 주도한 시민단체와 학부모 단체들이 나서서 막아준다고 한다.

물론 이런 방식이 옳은가에 대한 논의는 필요하겠지만 놀이에 대한 인식 전환은 필요하다. 안전과 청결을 강조하며 아이들을 너무 약하게 키우고 있지는 않은지 돌아보아야 한다는 뜻이다. 만약 이런 교육에 동의하는 시민단체나 학부모 단체가 있다면 기꺼이 뜻을 모으고자 한다.

아울러 우리 광주에도 이런 공간이 많이 생겨 학교밖 청소년들의 길잡이 역할을 해주면 좋겠다. 학교밖 청소년들은 학업을 중단한 후 심리적 위축과 사회부적응 등의 어려움을 겪고 있다. 이제라도 인성교육에 기반을 둔 따뜻한 학교를 구현하기 위해 교육공동체 전체의 노력이 필요하다. 아프리카 속담에 '한 아이를 키우려면 온 마을이 필요하다'는 말이 있다. '지역사회가 곧 학교'라는 패러다임을 바탕으로 공교육협력네트워크를 구축하는 것이 시급하다. 그러자면 지역의 교육역량이 지금보다 전반적으로 향상되어야 한다.

교육역량을 가늠하는 척도는 여러 가지 있지만, 그 가운데 우선 학력부터 살펴보자. 현재 광주 학생들의 기초학력은 전국 평균보다 높은 수준이지만, 과거 전국 최고 수준이었던 것에 비하면 지금은 학력이 갈수록 낮아지고 있을뿐 아니라 광주 특유의 민주적 교육도 자리를 못 잡고 있다. 호남은 예로부터 정의와 애국의 고장으로 이름이 높았다. 그러한 민주정신을 바탕으로 인성교육을 활성화하면 아이들은 자연히 선진시민으로서의 품성을 갖추게 될 것이다. 생활 속에서 또는 지역사회에서 얻는 교육도 값진 것이다.

교육시스템에 대한 투자도 반드시 필요하다. 교육시설을 개선하고 훌륭한 교사들을 모셔오면 공교육이 전반적으로 개선될 수 있다. 지금은 특목고 등에 진학하기 위해 타 지역으로 전출하는 학생이 많지만, 우수한 교사들이 자리를 잡으면 양질의 교육을 받기 위해 전입해 오는 학생이 많아질 것이다.

인재 육성은 지방과 중앙, 양쪽에서 추진되어야 하는 국가적 과업이다. 하지만 중앙 차원에서의 전반적 개혁보다 지방 차원에서의 소규모 개혁이 더 신속하게 이루어질 수 있다. 지방의 경우, 지역 지도자들이 의기투합하면 수월하게 성공 사례를 만들어낼 수 있기 때문이다.

지역인재 육성은 지역에 대한 인재 공급으로 이어질 확률이 높다. 그리고 이는 지역산업의 활성화를 가져와 궁극적으로 지역발전과 지역혁신의 토대가 된다. 우리 서구도 경제적 낙후성과 정치적 소외를 극복하기 위해 지역인재 육성에 투자를 아끼지 말아야 한다. 영·유아 보육환경을 개선하고 아동친화도시를 조성하는 등 교육 명문도시를 지향하는 것이 모두 지역인재 육성 차원에서 행해지는 노력이다.

또한 장기적인 관점에서 4차 산업혁명시대에 대비해야 한다.

인공지능(AI)으로 대표되는 기술혁신이 사회, 경제, 문화 등 다방면에 걸쳐 혁명적 변화를 불러오고 있다. 이러한 변화는 경제사회 구조의 패러다임은 물론 삶의 패턴까지 바꿔놓고 있다.

전문가들은 4차 산업혁명시대를 이끌 인재가 갖춰야 할 역량으로 협력, 소통, 통섭, 창의력 등을 꼽는다. 이러한 시대적 흐름에 따라 교육시설은 물론 교육내용과 방법 면에서도 정책적 변화가 필요하다. 전문가들 사이에 논의가 진행되고 있는데, 대체로 창의성과 인성, 문제해결력 등을 중시하는 교육으로 의견이 모아지고 있다. 단편적 지식, 삶과 유리된 지식을 가르치는 교육은 더 이상 유효하지 않다.

미래에 대한 대비도 중요하지만 지금 우리가 처한 현실도 냉정히 되짚어보아야 한다. 국가적으로나 지역적으로나 우리 사회는 교육의 기본이 흐트러져 있는 상태다. 특히 지방은 그 정도가 매우 심하다. 그러니 일단 기본부터 살리는 것이 급선무다. 우선 교육의 본질적 영역과 방법에 충실해야한다는 얘기다. 새로운 시대에 대비하기 위한 교육이나 특정 영역의 수요에 부응하기 위한 교육은 그 다음이다.

기본을 무시하는 교육, 결과만 중시하는 교육은 머잖아 한계에 다다르게 될 것이다. 목표지상주의가 초래하는 사회적 병폐를 더 이상 외면해선 안 된다. 제도 면에서 우리와 유사한 일본이 노벨상 수상자를 연속 배출하는 것도 기초를 중시한 덕분이다. 더 늦기 전에 기본으로 되돌아가야 한다. 교육은 백년지대계(百年之大計)의 안목으로 준비해야 하는 과업이다. 교육이야말로 미래를 위한 가장 가치 있는 투자다.

지역사회가 함께하는
교육공동체

우리 서구에서는 지난 2017년 5개의 교육지원 프로그램을 운영했다. 프로그램 시행 후 학생과 학부모들을 대상으로 만족도를 조사한 결과 응답자의 97% 이상이 프로그램에 대해 '만족한다'고 답변했다. '불만족' 응답은 없었다.

'학부모아카데미' '교육콘서트' '가족캠프' 등 부모 프로그램 참가자들은 자녀의 특성을 이해함으로써 변화의 기회를 갖게 되어 좋았다는 의견이 많았다. '공부습관프로젝트' '자기주도캠프' '창의인성캠프', '온라인자기주도학습프로그램' 등 학생 프로그램 참가자들은 공부의 목표에 대해 알게 되고 스스로 학습하는 자기주도적 학습법을 배우게 되어 만족스럽다는 의견이 많았다.

"아이를 지도하다 보면 상처 주고 기를 죽이는 언행을 많이 하게 되는데, 아이의 특성을 알고 나니 어떻게 지도해야 되고 이해해야 되는지 방향이 잡혀서 좋았습니다."

"지금까지는 문제점이 아이한테 있다고 생각했는데 프로그램을 통해 나 자신을 다시 바라보게 되었고, 아이의 입장을 고려하게 되었습니다. 부모가 먼저 알아야 내 아이를 살린다는 것을 알았습니다."

_ 학부모

"공부하는 목표를 이제라도 알아서 기뻐요. 공부할 때의 결점을 알았으니 이제 보완할 일만 남았다는 게 행복해요."

"프로그램을 통해 내 꿈에 대한 방향을 찾은 것 같아요. 앞으로 이런 공부방식을 이용해서 더 낫게 공부하고 싶어요."

"내가 무엇 때문에 공부를 하는지 알 수 있어서 뿌듯해요."

_ 학생

서구에서 운영하는 교육프로그램에 참가한 학부모와 학생들이 프로그램을 끝낸 후 보인 반응들이다. 작은 프로그램이지만 변화를 이끌어냈다는 것은 프로그램을 기획하고 진행한 공무원들에게 무한한 보람이 아닐 수 없다.

우리 서구는 2016년 하반기부터 학교교육에 관심을 갖고 지원을 하기 시작했다. 학교장 간담회와 학부모 대표를 대상으로 학부모 워크숍을 갖고 무엇을 어떻게 지원해야 할 것인가를 모색하였다. 그러나 학교교육 지원, 지역인재 육성은 교육청과 학교의 공교육을 지원하는 것이지 본연의 역할을 대체하는 것은 아니다. 이를 위해 2017년에는 교육지원과를 신설하여 보다 체계적이고 전문적인 교육지원사업을 추진하고 있다.

우선적으로 추진한 사업은 학부모들의 올바른 교육관 함양을 위한 부모교육과 학생들의 공교육을 지원하고 사교육비를 절감하기 위해 자기주도학습 등 건전한 학습습관을 갖도록 하는 것이었다.

가정은 어린아이가 가장 먼저 접하게 되는 공동체일 뿐 아니라, 가장 오랜 시간 영향을 받는 곳이다. 이 시대의 가정 문제는 무엇보다 부모 역할의 부재와 그릇된 자녀 양육에서 기인하는 면이 크다고 할 수 있다. 따라서 지속적인 교육 프로그램 운영을 통해 부모와 자식 간의 이해와 신뢰를 형성하고, 올바른 사회성과 자기주체성을 가진 자녀를 양육할 수 있는 여건을 만들어야 한다. 이를 위해 학부모아카데미, 교육콘서트, 가족캠프 등 부모교육에 큰 비중을 두고 있다.

또한 4차 산업혁명 시대에는 학생들이 자기주도적으로 학습할 수 있는 역량을 키우는 교육이 무엇보다 중요하다. 이에 따라 주입식·암기식 교육이 아니라 자기주도적 학습능력을 기를 수 있도록 친구와 함께하는 프로젝트형 프로그램인 공부습관프로젝트, 자기주도캠프, 창의인성캠프, 온라인 자기주도학습 프로그램 등을 운영하였다.

이러한 프로그램 운영 결과 참여 학부모와 학생의 만족도와 반응은 매우 긍정적이다. 향후 프로그램 개선에 대한 의견을 수렴하여 교육지원 프로그램에 반영해 나갈 계획이다.

이러한 교육지원사업 프로그램은 양적으로 2011년 2개에서 2017년 11개로 확대되었으며 질적으로도 단순한 교육지원 프로그램에서 벗어나 지역인재 육성을 위한 장학사업, 지역 내 청소년들에게 현실적이고 체계적인 진로를 탐색할 수 있는 진로직업체험지원센터 운영 등으로 확대, 다변화되었다.

특히, 교육지원 프로그램 운영 확대에 따라 이와 관련된 예산도 급격히 증가하였다.

우리 구의 재정자립도는 24.75%로 어렵지만, 교육지원 사업 투자비는 해마다 증가했다. 민선 6기가 출범한 2014년과 2017년을 비교해보면 7억 5,141만 원으로 223% 증가했고, 민선 5기가 시작된 2011년과 2017년을 비교하면 9억 9,955만 원으로 293%가 증가하였다.

교육을 전담하는 교육청이 따로 있는데 자치단체가 이렇게까지 신경을 써야 하는가 반문을 하는 사람도 있다. 하지만 미래세대에 대한 교육은 교육청만의 일은 아니라고 믿는다. 지역사회가 함께 고민하고 새로운 길을 내는 지역사회교육공동체를 만드는 일은 자치행정의 중요한 역할이다.

자치단체의 교육투자는 교육수준 향상에 기여할 뿐만 아니라 지역 자산가치의 전반적 상승을 가져와 지역발전에도 일조하게 된다. 따라서 자치단체는 교육에 지속적으로 투자할 필요가 있다.

현재 자치단체마다 교육투자가 이루어지고 있지만 재정여건에 따른 격차가 매우 크다. 이러한 격차는 곧 교육의 질과 직결되고, 학부모의 경제적 부담에도 영향을 미친다. 2015년 교육부 자료에 따르면 경기도 내 학교는 평균 1억 2,333만 원을, 광주광역시 내 학교는 평균 207만 원을 지원받는 것으로 나타났다. 어림잡아 약 60배의 차이가 난다.

흔히 '살기 좋은 도시'로 꼽히는 지역은 대개 교육환경이 좋다. 학생들에게 균등한 교육기회가 보장될 수 있도록 광주권 지자체들도 교육지원사업에 투자를 확대할 필요가 있다. 교육은 학교와 교육청, 학부모, 지자체가 함께 협력해야 해결할 수 있는 문제다.

즐거움이 가득한
도심형 축제

우리 서구에서는 매년 5월부터 10월까지 '도심 속 문화예술축제'가 열린다. 축제가 열리는 곳은 풍암호수공원, 상무시민공원, 동천동 광주천 둔치 등이다. 가요와 클래식, 국악, 무용, 연극 등 다양한 장르의 공연이 펼쳐지면서 시민들의 눈길과 발길을 사로잡는다. 공개모집을 통해 선발된 우수한 실력의 전문 공연단체들이 무대에 오른다. 평소 문화예술을 접할 기회가 별로 없는 주민들은 문화예술을 누릴 수 있어 좋고, 공연단체들은 공연 기회를 가질 수 있어 좋다. 서로 윈윈(win-win)하는 셈이다.

광주는 예로부터 의향(義鄕), 예향(藝鄕), 미향(味鄕)의 3박

서창지역은 서구의 유망한 관광자원이다.
서창만드리풍년제를 서구의 대표 축제로 키우고,
서창향토문화마을을 관광명소화해 연계하면
훌륭한 관광 상품이 될 것이다.

자를 고루 갖춘 3향으로 불렸다. 서구는 그 한복판에 자리잡고 있다. 도심형 문화예술축제를 기획하게 된 가장 큰 이유다. 주민들이 많이 찾고 왕래하는 도심의 한복판이 축제의 현장이 되게 함으로써 자연스럽게 주민들의 참여를 높이자는 발상이다.

봄바람이 완연해지고 주민들의 야외 활동이 잦아지는 5월에서 10월까지 우리 서구는 어디를 가든 즐거움으로 넘쳐난다. 도심축제가 널리 알려지면서 참가하는 공연단체들의 수준도 높아지고 관람객 수도 해마다 늘고 있다.

풍암호수공원을 전국 최고의 공연장으로 만들어 서구8경과 연계한 관광명소로 조성할 계획이다.

서구청장에 취임하고 보니 문화와 관광 분야의 구정에서 여러 문제점이 있었다. 가장 먼저 눈에 띈 것은 콘텐츠가 부족하고 프로그램이 빈약하다는 것. 하지만 장기적인 비전과 발전전략이 없다는 것이 더 크고 결정적인 문제였다. '문화로 즐거운 서구'를 만들기 위한 중장기 로드맵이 절실하다는 판단에 따라 5개년 계획을 수립하고 2016년부터 실행하고 있다.

먼저 문화예술공연을 활성화하고 생활문화센터를 조성하는 등 주민들이 문화예술을 향유할 기회를 확대했다. 그리고 도심 속 예술축제, 마을축제 등 다양한 공연과 축제를 마련했다. 사진대회, 아마추어음악제, 시가 있는 호수, 길거리국악무대 등 시민들이 다양하게 문화를 즐길 수 있는 무대도 제공하고 있다. 국악문화학교, 어린이국악교실 등 전통문화의 계승·발전도 소홀히 하지 않는다.

한편으로는 서창포구 탐방로를 정비하고 2015년부터 매년 가을 '영산강서창들녘억새축제'와 연계한 걷기행사를 열고 있다. 걷기여행길을 관광 자원화하는 데 성공한 사례다. 특히 2017년 10월에 열린 걷기행사는 문화체육관광부 주관 걷기축제 분야 공모사업에 선정돼 국비로 진행되었다. 서창지역은 서구의 유망한 관광자원이다. 서창만드리풍년제를 서구의 대표 축제로 키우고, 서창향토문화마을을 관광명소로 가꾸게 되면 훌륭한 관광상품이 될 것이다.

관광을 활성화하려면 관광자원의 발굴 못지않게 홍보도 중요하다. 관광안내지도와 안내책자를 제작, 배포하는 한편 모바일페이지와 관광명소용 QR코드를 제작해 관광활성화를 지원하고 있다.

스포츠가
최고의 복지다

쌍촌동에 사는 주민 김영호(61세) 씨는 매일 오전 5.18기념공원 산책로 (1.88㎞)를 한 시간 동안 걷는 것으로 하루를 시작한다. 구청에서 무료로 운영하는 '구민건강걷기운동교실'에 참여하고 있는 것. 구민건강걷기운동 교실은 3월부터 11월까지, 여름철인 7월과 8월을 빼고 매주 월·화·목· 금요일에 열린다.

서구체육회 소속 생활체육 전문지도자가 올바른 걷기자세와 효과적인 운동법을 지도해준다. 걷기운동만이 아니라 요일에 따라 에어로빅댄스 와 밴드체조 등 근력운동을 함께하므로 지루하지 않다. 또 보건소와 연계 해 운동 전후 체력의 변화와 체성분·혈액 검사 등 건강·체력 측정 및 검 사도 받을 수 있어 일석이조다.

'돈을 잃으면 삶의 일부를, 명예를 잃으면 삶의 절반을, 건강을 잃으면 삶의 전부를 잃는다'는 말이 있다. 그만큼 건강이 중요하다는 얘기다. 특히 은퇴 후의 삶이 최소한 20~30년으로 늘어난 오늘날에는 건강의 중요성이 더욱 크다.

흔히 스포츠에 1,000원을 투자하면 3,000원의 의료비를 절감할 수 있다고 한다. 스포츠로 건강을 지킬 수 있기 때문이다. 지난해 KBS '명견만리'에 출연한 이영표 축구해설위원의 '스포츠가 최고의 복지다' 편을 인상 깊게 봤다. 선진국들은 초고령사회에 대한 대비책으로 스포츠에 대한 투자를 늘리고 있다고 한다. 스포츠가 활성화되면 노인의료비가 늘어나는 것을 막을 수 있기 때문이다. 전적으로 공감한다.

서구는 2002월드컵 4강 신화의 현장이자 호남권에서 최초로 유치한 국제메가이벤트인 2015광주유니버시아드에서 저비용 고효율대회의 전설을 쓴 현장이다. 광주의 다른 구에 비해 월등한 스포츠복합시설과 환경은 물론 국제적인 노하우까지 갖추고 있다. 이런 자원을 잘 활용한다면 구민들의 스포츠 건강복지수준을 한층 끌어올릴 수 있다.

지금까지 서구는 체육시설 확충과 생활체육 프로그램 운영, 찾아가는 생활체육교실 운영, 생활체육 동호인 조직 활성화, 국민체육센터 등을 지원하고 관리해왔다. 지난 2015년부터 2017년까지 3년에 걸쳐 5억 원 상당의 예산을 들여 생활체육 소외계층 920명의 스포츠강좌 수강료를 지원하기도 했다. 또한 건강도시 중장기 계획 수립, 서구건강체력센터 운영, 건강산책길 지도 제작, 건강도시 심포지엄 개최, 건강영향평가(HIA) 도입 등 건강관리 분야에서도 다양한 사업을 전개하고 있다. 그 결과 2016년에는 대한민국건강도시 대상에서 최우수상을, 2017년에는 대한민국건강도시상(우수상)을 수상했다.

이 가운데 특히 구민건강걷기운동교실은 서구의 트레이드마크가 되었다. 매년 풍암호수공원과 5.18기념공원 두 곳에서 실시한다. 풍암호수공원 코스는 약 2.2km로 1.88km인 5.18기념공원 코스보다 조금 길다.

걷기운동은 시간과 장소에 구애받지 않고 남녀노소 누구나 즐길 수 있어서 주민들의 참여를 독려하는 데 안성맞춤이다. 특히 풍암호수공원과 5.18기념공원은 걷기와 산책 등으로 건강을 지키고자 하는 주민들이 많은 지역이라 주민들의 참여를 이끄는 데 최적지다.

이제 걷기운동은 서구의 대표적인 생활체육활동으로 정착되고 있다. 구 차원에서 걷기지도자 양성과정을 운영하고 걷기 코스를 개발하고 있다. 매년 수차례씩 걷기대회도 연다. 물론 걷기운동교실 외에도 에어로빅교실, 스포츠클라이밍교실 등 다양한 생활체육 프로그램이 운영되고 있다.

2016년 4월에 문을 연 서구건강체력센터에 대한 주민들의 호응 역시 높다. 만 20세 이상이면 누구나 무료로 이용할 수 있는데 혈압, 혈당, 고지혈증, 체성분 분석은 물론이고 근력, 유연성, 민첩성 등 8가지에 달하는 전문체력 측정을 서비스한다. 이곳을 찾는 주민들의 체력과 건강상태를 점수화해서 90점 이상인 서구 으뜸상에게는 스켈링과 같은 인센티브를 제공해서 건강관리에 대한 동기를 불어넣어주고 있다.

말 그대로 스포츠는 최고의 복지다. 주민들의 호응과 만족도가 그것을 말해준다.

잘 먹고 잘 사는 웰빙 트렌드에 대한 인식이 어느 때보다 높다. 생활체육의 혜택을 모든 마을에서 골고루 누리기 위해서는 시설 확충 등이 함께 따라야 한다. 안타깝지만 양동이나 농성동 등 구도심지역은 공원이 부족해 주민들의 체육활동 수요에 부응하지 못하고 있다.

　건강은 인간의 기본 권리로, 누구나 높은 수준의 건강을 누릴 권리가 있다. 또한 건강은 개인과 사회 발전의 중요 자원이기도 하다. 모든 마을이 동등한 건강복지를 누릴 수 있도록 수준을 높이는 일은 건강도시를 향해 앞으로 서구가 더욱 노력해야 할 과제다.

건강도시, 서구를
향한 첫걸음

요즘은 100세 시대라고 흔히들 말합니다. 60대에 은퇴해도 40년 여생이 남아있는 만큼 이제 인생 '이모작'이라는 표현보다는 '삼모작' 어쩌면 '사모작'까지 준비해야 할 시기가 왔습니다.

100세 시대를 살아가는 요즘 고령화사회, 장수사회라고 합니다만, 이제는 얼마나 오래 사는지가 아닌, 얼마나 행복하고 건강하게 오래 사는지가 중요한 세상이고 바로 이러한 질 높은 삶을 구원해줄 첨병은 생활체육운동밖에 없다 해도 과언이 아닐 것입니다. 때문에, 건강과 삶의 질에 대한 관심이 높아지면서 생활체육을 즐기시는 분들이 갈수록 늘고 있고, 생활체육 종목 또한 무척이나 다양해지고 있습니다.

그 가운데서도 특히 걷기운동은 특별한 장비가 필요 없고 남녀노소 누구나 자유롭게 걸으면서 하는 운동으로, 성인병 예방 등 그 효과가 탁월하여 건강하고 행복하게 살 수 있게 하는 대표적 운동이라 생각합니다.

스위스의 속담에 '걸으면 낫는다'라는 말이 있습니다.

1992년, 세계보건기구가 과학적 연구를 통해 걷기가 세상에서 제일 좋은 운동이라고 밝혔듯이 실제로 하루 30분 걷기운동이 당뇨병, 고혈압 등 성인병의 발생률을 낮춰 준다고 합니다.

민선 6기 들어 우리 서구는 일주일에 5일 30분 걷기라는 7530 건강걷기운동을 전개하여 주민들께서 걷기를 실천할 수 있는 동기를 부여하고 있고, 걷기지도자 양성교육으로 100여 명의 지도자 배출과 각 동별 걷기 동아리를 운영하는 등 생활 속에서 실천하고 동참할 수 있도록 다양한 건강정책을 펼치고 있으며, 금년부터 상무지구를 숲과 정원이 어우러진 커뮤니티가 있는 걷고 싶은 명품거리로 조성할 계획이며, 앞으로 상무지구를 명실공히 광주의 대표 명품 중심도시로 육성하여 전국에서 가장 살기 좋고 걷고 싶은 도심으로 만들어가고자 합니다.

서구의 도시건설은 자율과 참여의 공동체적 자치를 기반으로 도시의 주요 부문에서 남다른 '특별함'이 있고, 가고 싶고 살고 싶은 도시, 즉 명품도시를 만들고자 합니다.

그래서 명품도시로 가는 첫걸음은 활력 넘치는 건강도시 구축이라 믿고, 서구민 건강포인트제 운영, 생애주기별 맞춤형 건강관리, 맞춤형 방문건강관리 사업, 공공 체육시설 확충 등을 지속적으로 추진해나가고 있습니다. 특히, 으뜸서구 명품도시에 걸맞은 활력 넘치는 건강도시를 만들기 위해 주민 개개인의 건강수준의 체계적인 건강관리 지원을 위해 서구 건강체력센터를 4월 1일부터 시범 실시하고 있습니다.

앞으로 서구건강체력센터는 운동실천, 흡연, 음주 등 건강행태에 관한 설문조사, 기초검사, 폐활량검사, 골밀도, 체성분, 스트레스검사 등 건강측정, 상지·하지·배근력 등 근력검사와 심폐지구력, 유연성, 순발력, 민첩성, 평형성 등 종합기능체력검사, 기능검사, 중성지방, 콜레스테롤검사를 통해 성인병, 대사증후군 등의 질환을 미리 예방하여 지역주민의 삶의 질 향상과 건강한 서구를 만들어 나가는 데 앞장서서 노력할 것입니다.

100세 시대, 건강한 삶이라야 의미 있는 삶이고 그렇지 않으면 고통의 100년이 됩니다.

봄의 정취가 무르익는 4월, 사랑하는 가족과 연인, 친구, 그리고 가까이 하기에 늘 좋은 사람들과 걷는다는 것은 참으로 행복한 일이고 미래의 약속입니다.

4월 30일, 걷기의 생활화로 만성질환을 예방하고 건강한 삶을 영위할 수 있게 하고자 하는 '제16회 국민건강보험과 함께하는 시·도민 가족사랑 건강 걷기대회'가 풍암생활체육공원 일원에서 열리게 됩니다. 많이 오셔서 건강걷기대회를 통해서 내딛는한 걸음 한 걸음이 시·도민건강운동으로 우리 일상생활에 널리정착되기를 바라고, 건강이라는 가치의 소중함을 가슴에 되새기는 계기가 되었으면 합니다.

〈광주매일신문〉 2016-04-29

✍ 특별기고

건강도시, 서구를 향한 첫걸음

임우진
광주서구청장

요즘은 100세 시대라고 흔히들 말합니다. 60대와 은퇴해도 40년이생이 남아있는 만큼 이제 인생 '이모작'이라는 표현보다는 '삼모작'어쩌면 '사모작'까지 준비해야 할 시기가 왔습니다.

100세 시대를 살아가는 요즘 고령화 사회, 장수사회라고 합니다만, 이제는 얼마나 오래 사는지가 아닌, 얼마나 행복하고 건강하게 오래 사는지가 중요한 세상이고 바로 이러한 질 높은 삶을 구현해줄 방편은 생활체육 운동 밖에 없다고 해도 과언이 아닐 것입니다. 때문에, 건강과 삶의 질에 대한 관심이 높아지면서 생활체육을 즐기시는 분들이 갈수록 늘고 있고, 생활체육 종목 또한 무척이나 다양해지고 있습니다.

그 가운데서도 특히, 걷기 운동은 특별한 장비가 필요 없고 남녀노소 누구나 자유롭게 걸으면서 하는 운동으로, 성인병 예방 등 그 효과가 탁월하여 건강하고 행복하게 삶 수 있게 하는 대표적 운동이라 생각합니다. 스위스의 속담에 '걸으면 낫는다'라는 말이 있습니다.

1992년, 세계보건기구가 과학적 연구를 통해 걷기가 세상에서 제일 좋은 운동이라고 밝혔듯이 실제로 하루 30분 걷기 운동이 당뇨병, 고혈압 등 성인병의 발생률을 낮춰 준다고 합니다.

민선6기 들어 우리 서구는 일주일에 5일 30분 걷기라는 7530 건강걷기 운동을 전개하여 주민들에서 걷기를 실천할 수 있는 동기를 부여하고 있고, 걷기 지도자 양성교육으로 1000여명의 지도자 배출과 각 동별 걷기 동아리를 운영하는 등 생활 속에서 실천하고 동참 할 수 있도록 다양한 건강 정책을 펼치고 있으며, 급년부터 상무지구를 숲과 정원이 어우러진 커뮤니티가 있는 걷고 싶은 명품거리로 조성할 계획으로, 앞으로 상무지구를 명실공히 광주의 대표 명품 중심도시로 육성하여 전국에서 가장 살기 좋고 걷고 싶은도시로로 만들어 가고자 합니다.

서구의 도시건설은 자율과 참여의 공동체적 자치를 기반으로 도시의 주요 부문에서 남다른 '특별함'이 있고, 가고 싶고 살고 싶은 도시, 즉 명품도시를 만들고자 합니다.

그래서 명품도시로 가는 첫걸음은 활력넘치는 건강도시 구축이라 믿고, 서구민 건강포인트제 운영, 생애주기별 맞춤형 건강관리, 맞춤형 방문건강관리 사업, 공공 체육시설 확충 등을 지속적으로 추진해 나가고 있습니다. 특히, 으뜸서구 명품도시와 걸맞는 활력 넘치는 건강도시를 만들기 위해 주민 개개인의 건강수준의 체계적인 건강관리 지원을 위해 서구 건강체육센터를 4월1일부터 시범 실시하고 있습니다.

앞으로, 서구 건강체육센터는 운동실천, 흡연, 음주 등 건강행태에 관한설문조사, 기초검사, 폐활량검사, 골밀도, 체성분, 스트레스검사 등 건강측정, 상지·하지·배근력 등 근력검사와 심폐기구력, 유연성, 순발력, 민첩성, 평형성 등 종합기능체력검사, 기능검사, 증선지방, 플레스테롤 검사를 통해 성인병, 대사증후군 등의 질환을 미리 예방하여 지역주민의 삶의질 향상과 건강한 서구를 만들어 나가는데 앞장서서 노력할 것입니다.

100세 시대, 건강한 삶이라야 의미 있는 삶이고 그렇지 않으면 고통이 100년이 됩니다.

봄의 정취가 무르익는 4월, 사랑하는 가족, 연인, 친구, 그리고 가까이 하기보다 늘 좋은 사람들과 걷는다는 것은 참으로 행복한 일이고 미래의 약속입니다.

4월30일, 걷기의 생활화로 만성질환을 예방하고 건강한 삶을 영위할 수 있게 하고자 하는 '제16회 국민건강보험과 함께하는 시·도민 가족사랑 건강 걷기대회'가 풍암생활체육공원 일원에서 열리게 됩니다.

많이 오셔서 건강걷기대회를 통해서 내딛는 한걸음 한걸음이 시·도민건강운동으로 우리 일상생활에 널리 정착되기를 바라고, 건강이라는 가치의 소중함을 가슴에 되새기는 계기가 되었으면 합니다.

—

제3부

품질자치路에
리무진이
달린다

2010, 임우진의
터닝 포인트

인류의 역사는 BC와 AD로 표기한다. Before Christ와 Anno Domini다. 한마디로 예수가 태어나기 전과 후가 기준이다. 그래서 예수를 인류역사의 터닝 포인트라고 부른다. 변곡점 혹은 분기점으로도 해석되는 '터닝 포인트'는 예수처럼 역사의 물줄기를 바꾸는 사건이 아닌 개인사에도 많이 쓰인다. 평범한 휴대폰 판매원이었다 세계적인 테너 가수로 변신한 폴 포츠의 경우에는 '브리튼즈 갓 탤런트' 출연이 바로 삶의 궤도를 바꾸는 터닝 포인트였다.

비교적 평범한 공무원으로 살아가던 '임우진'이 '서구청장'으로 변신한 터닝 포인트는 지방행정연수원장으로 재직 중이던

2009년의 어느 날 걸려온 한 통의 전화로부터 시작되었다. "혹시 내년에 치러질 지방선거에 모 지역 군수로 출마할 의사가 있는지 알고 싶습니다."

당시 지방자치는 민선 5기를 앞두고 있음에도 실로 한심한 수준이었다. 공직자로서, 시민의 한 사람으로서 안타까움을 금할 수 없었다. 하지만 직접 현장에서 뛸 생각은 전혀 들지 않았다. 조심스럽게 제안을 거절했다.

하지만 운명의 장난인지 그해 말에 예상보다 일찍 공직에서 물러나게 되었다. 그리고 2010년 광주 서구청장으로 당선된 분이 취임도 못하고 중도하차하면서 재선거가 치러지게 되었다. 공직을 벗어나고 보니 여러 군데서 출마 권유가 들어왔다. 그렇잖아도 지방자치가 타락하는 모습을 지켜보면서 '더 이상 이대로 있을 수 없다'는 문제의식이 싹트던 차였다. 어렵사리 출마를 결심했다. 그러면서 '돈이 아닌 실력으로 공천을 받겠다' '법을 위반하는 선거운동은 하지 않겠다'는 두 가지를 다짐했다.

다른 후보들보다 일찍 선거사무소를 열었다. 주변에서는 빨리 서울로 가서 공천 로비를 하라고 충고했다. 하지만 공천 로비 대신 주민들을 상대로 출마의 뜻을 알리는 것이 중요하다고 생각해 현장의 선거운동을 열심히 했다. 그것이 정도라고 여겼기 때문이다. 그러나 공천심사에서 컷오프 되고 말았다. 14명이 응모한 공천심사에서 가장 유력한 후보였던 내가 예선도 통과하지 못한 것이다. 혹자는 "정치는 행정과 다르다. 행정을 잘했다고 정치를 잘하는 것은 아니다"라고 말했지만 행정이든 정치든 본질적으로 국민을 위한 헌신이 되어야 한다는 믿음에는 변함이 없다. 지역과 국가를 사랑하는 마음으로 의지와 전문성을 발휘하면 결국 주민이, 국민이 알아준다.

그렇게 나는 행정가에서 정치인으로 변신했다. 첫 과정은 표면상 실패였지만, 오히려 본래의 결심은 더 단단해졌다.

2014,
서구청장이 되다

2012년 대선을 앞두고 5월에 김두관 캠프의 광주전남 조직을 맡았다. 왜 그를 지지했느냐는 질문을 받을 때마다 늘 같은 대답을 한다.

첫째, 숱한 어려움을 이겨내면서 이장에서 도지사직까지 오른 입지전적인 이력이 나와 통했다. 둘째, 이장, 군수, 도지사, 장관 등 어떤 자리에서나 개혁 마인드를 가지고 꾸준히 개혁을 실천했다. 개혁에는 늘 저항이 따르기 때문에 그 의지와 열정을 지키기가 쉽지 않았을 텐데, 그는 물러서지 않았다. 셋째, 정계에 오래 몸담고 있었음에도 추문이나 스캔들이 전혀 없었다.

내가 평생 추구해온 것들이 그의 인생역정에 오롯이 담겨 있는데 어찌 돕지 않을 수 있겠는가.

2013년에 민주당 광주 서구을 지역위원장 선거에 출마했을 때도 김두관 장관을 지지한 것과 같은 마음이었다. 민주당 역사상 전례가 없는, 당원이 직접 선출하는 지역위원장 선거였다. 직선 위원장이라면 임명직과 달리 새로운 시도를 해볼 수 있으리라 생각했다. 혼자 힘으로 중앙당을 바꾸기는 어렵지만 지역은 바꿀 수 있으리라 믿었다. 후보 소견을 발표할 때도 민주주의와 통합, 두 가지를 강조했다.

투표율은 그리 높지 않았으나 상대 후보를 상당한 격차로 누르고 승리했다. 당내 혁신에 대한 요구가 높은 상황에서 새로운 사람, 참신한 사람이라는 점이 크게 작용했던 모양이다.

당내에서 유일한 원외지역위원장으로서, 후보 시절 약속한 대로 민주주의와 통합의 정신을 기반으로 지역위원회를 운영했다.

가족이나 지인들을 포함시키지 않고 당 안팎 인사들로부터 추천을 받아 250명의 대의원을 선정했다. 엄격한 기준을 적용해서 객관성과 중립성을 확보했다. 이처럼 관행을 답습하지 않고 개혁적으로 운영해 나가자 당이 점차 활성화되었다. 당원들은 진정성을 갖고 공정하고 합리적으로 운영하는 것을 높이 평가해주었다. '행정이든 정치든 진정성과 의지, 역량이 중요하다'는 신념이 옳았음을 다시 한 번 확인할 수 있었다.

2014년 지방선거에서 서구청장으로 출마했다. 선거관리와 후보 지원 등 지역위원장의 본분에 충실하려 했으나 거듭되는 출마 요구를 거절하기 어려웠다. 어렵사리 출마를 결심하면서 스스로 두 가지를 다짐했다. '자치단체장이 되면 현역으로서의 프리미엄을 포기하겠다' '적극적으로 개혁정책을 펴겠다'였다.

이 두 가지는 서로 맞물려 있다. 기득권을 버리고 개혁을 하면서도 정치적으로 성공할 수 있음을 보여주고 싶었다. 자치단체장으로서 우리나라의 지방자치 문화를 조금이라도 끌어올리는 데 힘을 보태야 하지 않겠는가.

자치단체장의 기본 책무는 공직사회의 개혁과 주민자치 역량의 육성이다. 당대에 성과가 안 나오더라도 꾸준히 시행해야 한다. 바른 길을 가다 보면 언젠가 제대로 평가받을 날이 온다.

2014년 구청장으로 취임하던 때와 비교해보면 지금 우리 서구는 환골탈태 수준으로 달라졌다. 특히 공직사회와 주민사회의 변화를 실감하게 되기까지 예상보다 시간이 덜 걸렸다는 사실이 개인적으로 퍽이나 즐겁고 고맙다. 어림잡아 생각해보면 공직사회 개혁에 1년 반, 주민자치역량 육성에 1년 정도가 소요

되었다.

재미있는 것은 공직사회의 변화가 예상보다 오래 걸렸고 주민사회의 변화가 더 빨랐다는 사실이다. 어쩌면 공무원들이 일반 주민들보다 변화에 소극적이기 때문인 듯하다.

주민들은 새로 취임한 구청장이 새로운 방식으로 일하는 것을 보고는 전임자들과 다르다고 판단하고 신뢰를 보냈다. 얼굴도 알지 못하는 주민들이 자발적으로 홍보맨 노릇을 해주기도 했다. 주민들의 이런 지지야말로 개혁의 원동력이고 미래의 희망이다. 진정 우리 지역이 잘되기를 바라는 마음으로 지켜보고 참여하는 주민들은 큰 힘이 아닐수 없다.

그들은 정치적 이해관계에 얽매이지 않고 성실하게 살아가는 보통사람들로서, 건전한 판단력과 양심을 지니고 있다. 공정하게 일하고 차별화되는 성과를 내면 그들은 언제든 지지를 보내준다. 물론 정치·경제적으로 이해관계가 얽혀 있거나 특정 목적을 갖고 움직이는 이들도 없지는 않다. 하지만 이런 보통사람들의 인심이 진정한 바닥민심이라 믿는다. 또한 이러한 민심이 선거 때 큰 영향을 미친다. 그러니 어떤 단체장이든 이러한 주민들의 힘을 믿고 정도를 가면 재선 아니라 삼선도 가능하리라.

물론 현실 세계에서는 일을 잘하는 사람이 늘 선거에 이기는 것은 아니다. 역량이 떨어져도 주민과 스킨십을 잘하는 사람, 중앙당의 지원을 받는 사람이 선거에 유리하다. 그런 현실과 인식이 팽배한 선거문화에 대해 우리 사회를 이끌어온 지도층과 지식인들에게 책임을 묻지 않을 수 없다.

　이해관계만 따지는 사회, 비합리성이 횡행하는 사회가 되지 않도록 지도층이 지도력을 발휘해야 하지만 대부분 역할을 못하고 있다. 저마다 현실적 지위를 유지하고 다른 사람과의 관계를 고려하여 바른 소리를 하지 않기 때문이다. 적어도 민선 지도자들은 달라야 한다. 선출된 지도자라면 지사적인 면모, 순교자적인 각오와 헌신을 보여주어야 한다. 지금 우리 광주를 되살리기 위해서라도 누군가 나서서 주민들의 문제의식을 일깨워야 한다.

서구 주민자치의 원칙,
'무지원의 지원'

혹시 상무금요시장을 몇 년 만에 방문한 사람이 있다면 달라진 모습에 깜짝 놀랄 것이다. 점포 수는 예전보다 줄었지만 현대적이고 재미있는 시장이 되었다. 노점 실명제로 주인과 취급 품목이 상세히 안내되고, 현금 영수증과 카드 결제도 가능하다. 벼룩시장, 농산물 직거래장터, 사회적 경제기업 장터 등 다양한 장터가 만들어져 이용객들에게 쇼핑의 재미를 더해준다.

앞으로 더욱 쾌적한 쇼핑환경을 유지하면서 문화공연, 주민장기자랑 등 다양한 이벤트로 볼거리, 즐길거리가 풍부한 시장으로 육성해 나갈 계획이다. 덕분에 상무금요시장을 찾는 단골손님은 더욱 늘어나리라 믿는다.

광주시민이라면 대개 알고 있겠지만 상무금요시장의 변화는 복잡한 이해관계와 갈등을 양보와 타협으로 해결한 사례다. 덕분에 국민대통합위원회에서 국민통합의 모범 케이스로 선정되어 '우수사례' 부문 우수상을 수상했다.

그 과정을 잠시 되짚어보자. 구청장에 취임한 뒤 주민과의 대화 시간이었다. 시장 인근 주민들은 교통난과 오·폐수 배출에 따른 환경오염, 상거래 질서 문란 등을 이유로 불편을 호소하는 민원을 제기했다. 그러나 또 한편에서는 집 앞에서 쉽게 쇼핑할 수 있어서 좋다는 의견도 많았다. '동네 문제는 동네 주민들의 힘으로 해결하자'는 취지로 주민자치위원회, 아파트 대표, 자생단체가 중심이 되어 자율적으로 논의해보도록 했다.

시장의 존치·폐쇄 여부를 두고 수십 차례의 회의와 토론회 끝에 주민여론조사를 실시한 결과 '폐쇄'로 결론이 내려졌다. 그리고 주민·노점·구청 3자 협의체를 구성해 대안 마련에 나섰다. 다시 14차례의 회의를 통해 합의점을 도출해냈다. 2016년 8월 31일, 마침내 '이전 합의 및 상생 협약식'을 열고 상무금요시장은 지금의 반듯한 시장으로 다시 태어났다.

수십 년 묵은 고질적 문제를 주민들이 주체적으로 해결한 모범적 사례이자 높은 시민의식을 바탕으로 인내를 발휘한 결과이기도 하다. 이 사례에는 서구 민선 6기의 '주민자치활동 육성·지원의 원칙과 기준'이 잘 나타나 있다.

우리 서구의 자치활동 육성에는 다음과 같은 세 가지 원칙이 있다.

첫째, 구의 개입을 최소화한다. 주민 간에 분쟁이 일어나도 동네에서 자율적으로 해결하도록 유도할 뿐 가능한 한 관여하지 않는다. 둘째, 행정적·재정적 지원을 최소화한다. 지원하는 경우에도 먼저 주민의 자발성을 확인한 다음에 시행한다. 또 되도록 재정적 지원보다는 지식이나 정보, 방법을 제시한다. 획일적 목표나 구체적 지침은 제시하지 않고, 참여자는 공개모집한다. 셋째, 관치적 행정과 선심성 행정 등 주민자치를 후퇴시키는 행위를 하지 않는다.

민선 6기 서구에서는 '주민이 주체가 되는 자치·복지공동체 만들기'를 구정의 핵심 방침으로 정하고 지켜왔다. 대부분의 다른 단체장들도 이를 모토로 삼고 있지만 구체적으로 방향을 설정하고 체계적으로 실천한 경우는 많지 않다.

앞으로 분권형 개헌이 이루어지면 지방정부의 권한이 강화되고 주민참여가 확대된다. 특히 책임·권한·재정 등이 지방으로 대폭 이양되면 정책 과정에서 이를 견제하고 감시할 주민들의 역량이 중요하다. 따라서 주민들이 지역 문제에 관심을 갖고 스스로 해결해나가는, 주민자치에 대한 기본 지식과 마인드가 무엇보다 필요하다.

상무금요시장 이전,
주민 손으로 풀었다

1년 가까이 계속돼 온 상무금요시장(이하 금요시장) 이전 문제가 전격적으로 타결됐다.

금요시장 폐쇄와 이전을 놓고 1년 가까이 갈등을 빚어온 주민과 시장 상인 그리고 구청 간 갈등이 마침표를 찍게 된 것이다. 참으로 기쁘고 다행스러운 일이 아닐 수 없다.

매스컴 등을 통해 알려진 것처럼 금요시장이 지역사회의 화두로 떠오른 것은 지난해 10월경 금요시장에 대한 주민들의 폐쇄 요구와 노점 상인들의 존치 주장이 팽팽히 맞서면서부터다. 20여 년 전 벼룩시장 형태로 출발하며 상무지구 주민들과 애환을 함께해 온 금요시장이 주민들로부터 폐쇄 요구에 부닥치게 된 이유는 무엇이었을까?

1996년 상무지구 택지조성 당시 아파트 인근에는 시장이나 마트와 같은 부대시설이 부족한 실정이었다. 이 때문에 농산물 등을 중심으로 직거래장터가 하나, 둘 생겨났고 오고가는 주민들의 이용도 점차 늘기 시작했다.

하지만 강산의 변화만큼이나 상무지구의 모습도 바뀌게 마련이다. 하루하루 변화와 발전을 거듭해 온 상무지구는 40여 개의 공공·금융기관이 들어선 행정·금융의 중심지로 발돋움하였고, '광주의 명동'으로 불릴 만큼 최대 상권을 형성하기에 이르렀다.

반면, 금요시장은 그렇지 못했다. 금요일만 되면 차량을 이용한 노점이 각지에서 모여들었고, 기업형 노점까지 가세해 도로와 인도를 점거했다. 도로를 점령한 물건들은 사람들의 발걸음을 가로막기 일쑤였으며, 장애인이나 노인 통행이 거의 불가능할 정도였다.

특히 1차선을 점거한 노점상 차량들로 인해 출·퇴근길 주민들은 차량 체증으로 즐거운 금요일을 스트레스로 시작해야 했다. 갈 길이 막힌 시내버스는 1차선에 정차할 수밖에 없었고, 중앙선을 침범하며 아슬아슬 곡예운전을 해야만 했다.

이뿐만 아니었다. 노점 차량에 LPG 가스통과 조리기구를 설치해 놓고 음식물을 판매하다 보니 화재나 폭발 등 안전사고가 언제 일어날지 주민들은 불안에 떨어야만 했다. 음식물쓰레기와 오폐수로 인한 악취는 여름이면 극에 달했고, 원산지 표시 없는 농수산물에 대한 대책은 미봉책에 그칠 수밖에 없었다.

오랜 경기침체로 인해 상무지구 역시 휴·폐업이 끊이지 않는 곳이지만, 세금 한 푼 내지 않고 호황을 누리는 금요시장 상인들에 대한 상가 주민들의 시선 또한 고울 리가 만무했다.

이처럼 20년 전과 지금의 상무지구 모습 그리고 현재 금요시장이 들어선 지역의 여건이 완전히 바뀐 상황에서, 주민들 사이에서는 금요시장을 더 이상 방치해서는 안 된다는 여론이 대두하기 시작했다.

특히 치평동 주민들은 금요시장 대책추진위원회를 구성하고, 지역단체 대표들의 연대서명을 받아 시장 폐쇄 요구 진정서까지 접수하기에 이르렀다.

이에 대해 시장 상인들은 생존권 보호로 맞섰다. 시장 상인들의 생존권 보호 주장에 주민들은 시장 폐쇄의 불가피성만큼이나 상인들의 생존권 또한 간과할 수 없다는 점을 감안, 구청의 시장 이전 중재안을 수용했다.

하지만, 이전 문제를 두고서도 극명한 입장차를 보이자 주민 대표, 금요시장 대표, 구청 담당자로 이루어진 협의체가 구성되어 14차례에 걸친 협의 끝에 극적으로 타협점을 찾게 됐다.

금요시장 이전 합의에 이르기까지에는 누구보다 치평동 주민들의 힘이 컸다. 주민자치위원회를 중심으로 폐해가 심각한 금요시장에 대해 주민의견을 수렴했고, 금요시장 문제 해결을 위해 때로는 생업마저도 뒤로 한 채 상생방안을 모색해왔다. 자체 홍보물을 제작하여 계도활동을 펼치는가 하면, 찾아가는 설명회를 통해 금요시장의 폐해를 알리고, 노점상품 불매운동도 펼쳤다. 또한 상인들의 생존권을 감안하여 애초 시장 폐쇄 입장에서 시장을 이전하는 방향으로 통 큰 양보를 하기도 했다.

무엇보다 끝까지 포기하지 않고 협상을 주도한 주민 대표들은 금요시장 상인들을 끈기 있게 설득, 막판 합의를 이끌어냈다. '내가 사는 동네의 주인은 바로 나'라는 자치의식이 없었다면 기대할 수 없는 일이었을 것이다. '참다운 동네자치'요 '진정한 주민자치'가 아닐 수 없다.

지방자치제가 시행된 지 올해로 21년째가 된다. 오랜 세월에도 관(官) 주도의 행정으로 인하여 주민들의 자치역량은 성숙하지 못했었고, 결국 지방자치 발전을 저해하는 요인으로 작용했

던 게 사실이다. 하지만 치평동 주민들은 '내가 동네의 주인'이라
는 자치의식을 바탕으로 마을의 현안을 의제화하고 공동의 문제
로 적극 대처하여 문제를 해결해 냈다. 주민들 손으로 동네자치
를 일구어낸 것이다.

지방자치는 곧 생활자치이며, 생활자치는 주민 참여가 활성
화할 때 비로소 그 꽃을 피우게 된다. 이를 치평동 주민들이 증
명해냈다.

〈광주일보〉 2016-09-02

기 고

상무금요시장 이전, 주민 손으로 풀었다

임 우 진
광주 서구청장

1년 가까이 계속돼 온 상무금요시장이
하 요시장이 이런 문제가 전격적으로 타
결됐다.

금요시장 폐쇄, 이전을 놓고 1년 가까
이 갈등을 빚어 온 주민과 시장 상인, 그
리고 구청간 갈등이 마침표를 찍게 된 것
이다. 참으로 기쁘고 다행스러운 일이 아
닐 수 없다.

매스컴 등을 통해 알려진 것처럼 금요
시장이 지역사회의 화두로 떠 오른 것은
지난해 10월경 금요시장에 대한 주민들
의 폐쇄 요구와 노점 상인들의 존치 주장
이 팽팽히 맞서면서부터다. 20여 년 전 바
특지 장 형태로 출발하여 상무지구 주민
들과 애환을 함께해 온 금요시장이 주민
들로부터 폐쇄 요구 받으리라 된 이유
는 무엇이었을까?

1996년 상무지구 택지조성 당시 아파
트 인근에는 시장이나 마트와 같은 부대
시설이 부족한 실정이었다.

이 때문에 농산물 등을 중심으로 직거
래장터가 하나, 둘 생겨나고 오고 가는 주
민들의 이용도 점차 늘기 시작했다.

하지만, 금산의 변화된 탓이나 상무지
구 모습도 바뀌게 대련이다. 하루하루 번
화와 발전을 거듭해 온 상무지구는 40여
개의 공공·금융기관이 들어선 행정·금융
의 중심지로 발돋움하였고, '광주의 명
동'으로 불릴 만큼 제대 상권을 형성하기
에 이르렀다.

반면, 금요시장은 그렇지 못했다. 금요
일만 되면 차량을 이용한 노점이 각지에
서 모여들었고, 기업형 노점까지 가세해
도로와 인도를 점거했다. 도로를 점령한
물건들은 사람들의 발걸음을 가로 막기
일쑤였으며, 장애인이나 노인 통행이 거
의 불가능할 정도였다.

특히, 1차선을 점거한 노점 차들로 인해
출·퇴근길 주민들은 차량 체증으로 즐거
운 금요일을 스트레스로 시작해야 했다.
갈길 막힌 시내버스는 1차선에 정차할 수
밖에 없었고, 중앙선을 침범해야 아슬아
슬 이슬아슬 꾸며 운전을 해야만 했다.

이뿐만 아니냐다. 노점 차량에 LPG 가
스통과 조리 기구를 설치해 놓고 음식물
을 판매하다 보니 화재나 폭발 등 안전사
고가 언제 일어날지 주민들은 불안에 떨
어야만 했다. 음식물쓰레기와 오폐수로
인한 악취는 여름이면 극에 달했고, 원산
지 표시 없는 농수산물에 대한 대책은 미

봉책에 그칠 수밖에 없었다.

오랜 경기침체로 인해 상무지구 역시
휴·폐업이 들어지 않는 곳이지만, 세금
한푼 내지 않고 호황을 누리는 금요시장
상인들에 대한 상가 주민들의 시선 또한
고울 리가 만무했다.

이처럼 20년 전과 지금의 상무지구 모
습, 그리고 현재 금요시장이 들어선 지역
의 여건이 완전히 바뀐 상황에서, 주민들
사이에서는 금요시장을 더 이상 방치해서
는 안 된다는 여론이 대두하기 시작했다.

특히, 치평동 주민들은 금요시장 대책
추진위원회를 구성하고, 지역 단체 대표
들이 연대 서명을 받아 시장 폐쇄 요구진
정서까지 접수하기에 이른다.

이에 대해 시장 상인들은 생존권 보호
로 맞섰다. 시장 상인들의 생존권 보호 주
장과 주민들은 시장 폐쇄에 불기피성만
큼이나 상인들의 생존권은 또한 간과할 수
없다는 점을 감안, 구청은 시장 이전 증대
안을 수용했다.

하지만, 이전 문제를 두고서도 극명한
입장차를 보이자 주민 대표, 금요시장 대
표, 구청 담당자로 이루어진 협의체가 구
성되어 14차례에 걸친 협의 끝에 극적으
로 타협점을 찾게 됐다.

금요시장 이전 합의에 이르기까지에는
누구보다 치평동 주민들의 힘이 컸다. 주민
자치위원회를 중심으로 폐쇄가 심각한 금
요시장에 대해 주민이전을 수행했고, 금요

시장 문제 해결을 위해 상업마저도
달길 한 채 상생방안을 모색해 왔다. 자체
홍보물을 제작하여 개도활동을 펼치는가
하면, 찾아가는 설명회를 통해 금요시장의
폐해를 알리고, 노점 심품 불매운동도 펼쳤
다. 또한, 상인들의 생존권을 감안하여 애
초 시장 폐쇄 입장에서 시장을 이전하는 방
향으로 론 큰 양보를 하기도 했다.

무엇보다 끝까지 포기하지 않고 협상
을 주도한 주민 대표들은 금요시장 상인
들을 끌기있게 설득, 원만 합의를 이끌어
냈다. '내가 사는 동네의 주인은 바로 나'
라는 자치의식이 없었으면 기대할 수 없
는 일이었을 것이다.

'참다운 동네자치'요, '진정한 주민자
치'가 아닐 수 없다. 지방자치제가 시행된
지 올해로 21년째가 된다.

오랜 세월에도 권력 주도의 행정으로
인하여 주민들의 자치역량은 상승하지
못했었고, 결국 지방자치 발전을 저해하
는 요인으로 작용했던 게 사실이다.

하지만, 치평동 주민들은 '내가 동네의
주인'이라는 자치의식을 바탕으로 마을
의 현안을 의제화하고 공동의 문제로 적
극 대처하여 문제를 해결해 냈다. 주민들
손으로 동네자치를 일구어낸 것이다. 지
방자치는 곧 생활자치이며, 생활자치는
주민 참여가 활성화할 때 비로소 그 꽃을
피우게 된다. 이를 치평동 주민들이 증명
해 냈다.

공직사회의
후진적 자치문화 타파

지방자치의 품질을 업그레이드하기 위해서는 후진적 자치문화에서 비롯된 잘못된 관행을 없애는 것이 무엇보다 우선이다. 오늘날 시대정신이라 할 만한 '적폐 청산'이 지방자치 현장에서도 이루어져야 한다.

그렇다면 무엇을 어떻게 청산할 것인가. 선심 · 인기 행정으로 인한 재정 낭비, 정략적 판단에 따른 의사 결정, 편 가르기, 줄 세우기, 정치적 조직화, 관변단체 동원, 인사 비리 등 다 열거할 수 없을 정도다. 물론 오랜 기간 지속된 구태를 깨뜨리는 것은 쉽지 않은 작업이다.

특히 선출직 공직자라면 당장의 지지도와 재선 욕구 때문에 더더욱 망설이기 쉽다. 하지만 누군가는 이를 개선하고 정도 정치를 실천해야 하지 않겠는가. 이제 선출직 단체장도 공직사회 적폐 청산에 적극 나서야 한다. 그리고 반드시 성공해야 한다.

　많은 지자체에서 민선 지방자치 20여 년은 공직사회의 황폐와 경쟁력 약화라는 폐해를 가져왔다. 그 원인은 대략 세 가지다. 첫째, 공무원 개개인은 유능하지만 집단화되면 관료제의 병폐가 나타나는 속성이 있다. 두 번째, 공무원들이 본분을 망각하고 단체장이나 의원 등 지방정치인들에게 휘둘리는 경우가 종종 있다. 세 번째, 미성숙한 노동운동이 공직사회를 합리적으로 개선시키지 못하고 오히려 문제를 일으키는 경우다.

　공직사회를 변화시키 위해서는 무엇보다 지도자의 의지와 결단이 필요하다.

　지난 2014년 구청장 취임 직후, 합리적 공직문화가 정착되기를 바라며 '앞으로 하지 말아야 할 네 가지' 원칙을 대내외에 천명했다.

　첫째, '줄 세우기'를 하지 않겠다고 했다. 공무원이나 주민들에게 '나를 지지하면 이익을 얻고 그렇지 않으면 불이익을 받는다'는 식의 암시로 '내 편'을 만들지 않겠다는 약속이었다.

　두 번째, '선심행정'을 하지 않겠다고 했다. 예전에는 단체장들이 연임을 의식해서 인원수가 많은 조직에 지원을 몰아준다거나 민원을 즉시 해결해주는 식으로 편의를 봐주곤 했다. 그렇다 보니 주민들로부터 표와 관련하여 협박성 짙은 요구를 받기도 했다. 그런 경우는 십중팔구 재정 낭비로 이어진다.

세 번째, '돈 만들기'를 하지 않겠다고 했다. 지방정치인이 선거를 치르자면 무엇보다 돈이 필요하다. 그래서 단체장이 인사 등 업무와 관련하여 돈을 만들었고, 사무관으로 승진하는 데 수천만 원이 든다는 게 공공연한 비밀이었다. 하지만 옳은 방법이 아니다. 무엇이든 투명하게 공개하고, 구청장에게 주어진 권한을 오로지 공익과 공의를 위해 쓰겠다고 다짐했다.

네 번째, 보조금을 빌미로 관변단체나 봉사단체들을 사조직처럼 부리지 않겠다고 했다.

사실 이런 문제들은 정도의 차이만 있을 뿐 기초자치단체에서는 흔히 이야기되곤 한다. 이런 후진적인 정치 행태가 적어도 우리 서구에서는 일어나지 않도록 하겠다고 다짐했다. 그리고 그 결심을 충실하게 실천해 왔다고 자부한다.

워라밸, 이제 공직사회에도 '일과 삶의 균형'을

이른바 워라밸이 대세다. 'Work and Life Balance' 즉 개인의 일(Work)과 생활(Life)이 조화롭게 균형을 유지하고 있는 상태를 의미한다. 우리 서구 직원들도 이제는 워라밸을 생활화하고 있다.

매주 수요일과 금요일이면 아침부터 청사 전체에 잔잔한 설렘과 흥분이 감돌기 시작한다. 2015년과 2017년에 도입된 '가족사랑의 날'과 '나를 위한 날'이기 때문이다. 이날 직원들은 부서장의 눈치를 보지 않고 당당히 정시에 청사 문을 나선다. 그리고 혼자 또는 가족과 즐거운 시간을 보낸다. 이는 직원들 개개인과 조직 모두에게 변화를 가져왔다. 주중에 두 번 '나와 가족을 위한 시간'이 확보되면서 직원들의 삶의 질이 높아지고 '할 일은 하고 당당히 퇴근하는' 신선한 조직문화가 자리 잡

―

게 되었다.

우려의 시선도 없지 않다. 워라밸만 강조하다 보면 정작 업무를 소홀히 하거나 꼭 필요한 직무능력 향상에 게을러지지 않을까 하는 걱정이다. 하지만 우리 서구청 직원들만 보면 그런 걱정은 기우가 아닐까 싶다. 바쁜 업무 시간을 쪼개 공부를 하고, 퇴근 후에도 자기계발을 위해 힘쓰는 직원들이 적지 않기 때문이다.

우리 사회에는 아직 뿌리 뽑지 못한 잘못된 관행이 적지 않다. 그중 하나가 조직 중심의 문화다. 조직 중심 문화는 계급문화, 관료주의 문화와 궤를 같이 한다. 구성원들의 권리는 무시되기 일쑤고 조직의 목적만 강조된다. 그런 문화 속에서 구성원들의 역량이 향상될 수 있을까. 직장인들에게 일과 휴식의 조화, 일과 삶의 균형은 매우 중요한 문제다. 그러한 조화와 균형이 보장되는 근무제도를 마련하는 것은 지도자의 책임이다.

2014년 취임 초기에는 워낙 할 일이 많다보니 직원들이 주말에 하루 정도는 나와서 일해야 되지 않나 싶었다. 하지만 내가 공직에서 일하던 때와는 시대가 달라졌음을 느끼고 곧 그런 생각을 접었다. 공직 생활을 할 때는 토요일은 물론 때로는 일요일에도 출근하는 것을 당연하게 생각했다. 돌이켜보면 그런 나를 믿고 따랐던 당시의 직원들에게 감사할 따름이다.

그때는 시대적 여건과 분위기가 그랬다. 하지만 지금의 젊은 직원들은 그런 문화를 받아들이기 어렵다는 것을 잘 알고 있다. 특히 이제는 맞벌이가 일반화된 상황. 직원들이 일과 가정이라는 두 마리 토끼를 잡을 수 있도록 '일-가정의 양립' 지원책을 2016년 11월부터 시행하고 있다. 요즘 회자되는 워라밸을 일찌감치 적용한 셈이다.

가족친화적·업무보상적 휴가제도를 새로 도입하고 연가와 하계휴가, 유연근무제 사용을 권장하고 있다. 아울러 서구청 열린아버지 학교, 임산부 편의지원 원스톱 서비스, 직무스트레스 (EAP) 관리 프로그램, 한방 락힐링 워크숍 등도 실시하고 있다. 광주서구청 직장어린이집도 새로 지어 운영하고 있다. 직원들이 일에서도 성공하고 가정에서도 성공하기를 진심으로 바란다.

다행히 효과가 나타나고 있는 중이다. 이제 우리 사회의 조직문화는 '일 중심'에서 '가족 중심'으로 전환되고 있다. 직원들이 유연근무나 휴가 등을 눈치 안 보고 사용할 수 있도록 부서장이 먼저 분위기를 만들어야 한다. 아울러 불필요한 업무를 없애고 근로문화를 개선해 효율적으로 일할 수 있는 환경을 마련해야 한다.

하지만 워라밸이 제대로 정착되기 위해서는 근무시간 내에 일을 끝낼 수 있도록 개개인의 능력을 계발하고 효율적인 시스템을 마련하는 일도 중요하다.

일과 삶의 균형을 생각하면서 과연 공직자란 무엇인가에 대해서도 끊임없이 고민해야 한다.

공직은 주민을 위한 변화와 개혁의 주체로서 지역발전에 앞장서야 한다. 공직의 보람은 일을 통해 주민에게 봉사하는 데 있다. 거기서 행복을 느끼고 자신의 가치를 높이며 공직의 명예와 자존심을 지켜 나가야 한다. 공무원은 단순한 월급쟁이가 아니기 때문이다.

국제화·개방화·정보화 시대에 발맞춰 행정도 변화의 속도를 높여야 한다. 공무원이 상부로부터 정치적 지시를 받지 않고 본연의 역할을 다하면서 보람을 누릴 수 있는 환경을 만들어 줘야 한다. 또한 공직자 스스로도 자신의 경쟁력을 높이고자 노력할 때 지역사회 발전에 더욱 기여할 수 있다.

우리 서구청 공무원들이 지난 4년 동안 이뤄낸 변화와 성장은 한마디로 '괄목상대'라 표현할 수 있다.

2014년 취임 당시 서구의 공직사회는 많은 변화와 개혁이 필요했다. 특히 구정의 기틀이라 할 인사질서가 형편없이 무너져 있었다. 인사의 기준이 무엇인지 알기 어려웠다. 청렴도는 부끄럽게도 전국 최하위 수준이었고 직무역량 강화를 위한 노력도 미흡했다. 한마디로, 일보다는 처세가 우선이었고 조직 전체에 불신과 불만이 팽배해 있었다.

당장 인사혁신 방안을 마련해 시행했다. 작은 청탁도 철저히 배격하도록 했고 이를 어기면 엄중히 문책하겠다고 특별지시를 내렸다. 또한 청렴교육을 의무화하고 관련 제도를 정비했다. 일 잘하는 사람이 우대받는 풍토를 만들기 위해 철저하게 업무 중심·성과 중심으로 평가체계를 개선하고 직무교육 기회도 대폭 늘렸다. 서서히 변화가 나타나기 시작했다. '인사 청탁은 곧 불이익'이라는 인식이 확산되면서 인사 비리가 사라졌다. 그 결과 2015년 광주광역시 주관 부패방지 시책평가 우수기관으로 선정되었고 2016년에는 행정자치부 주관 지방자치단체 자율적 내부통제제도 장관상을 수상했다.

물론 초기에는 어려움도 있었다. 특히 직원들이 적응하느라 고생스러웠을 것이다. 하지만 고질적인 인사 비리가 해소되며 조직이 안정되고 지속적인 직무훈련으로 개개인의 직무역량이 강화되며 분위기가 새로워졌다. 특히 직무역량이 높아지니 업무

추진에 대한 두려움이 없어졌고, 소극적·수동적 자세에서 벗어나기 시작했다. 역량 향상이 업무에 임하는 태도의 변화로 이어진 것이다. 창의적인 아이디어가 쏟아져 나오고, 정책연구가 활발해지면서 자체적으로 다양한 창의적인 정책을 수립할 수 있게 되었다.

특히 각종 공모·평가사업에서 발군의 성과를 거두기 시작했다. 공모·평가사업 매뉴얼을 만들어 우수 사례를 공유하고 부서별 사업 대상을 파악해 추진사항 보고회를 열었다. 또한 조직 역량강화를 위한 직원 워크숍도 수시로 개최했다. 그 결과 지금까지 평가사업에서 총 190회(전국 93회, 지역 97회) 수상하여 26억 원의 재원을 확보했고, 공모사업에서는 총 193건(전국 121건, 지역 72건)이 선정되어 646억 원의 재원을 확보했다. 그 규모가 총 383개 분야 672억 원에 달한다. 그리고 이렇게 확보한 재원이 지역주민을 위해 쓰이고 있으니 이런 선순환이 어디 있는가. 공무원 한 명 한 명이 지방행정조직의 구성원으로서 지역발전에 기여하게 되었다.

공무원이 능력과 도덕성을 갖추면 저절로 주민의 신뢰를 얻게 되고 구정도 원활히 운영된다. 그리고 이는 성숙한 지방자치의 토대가 된다. 아무쪼록 단체장은 공무원들이 신바람 나게 일하고, 일하는 보람을 느낄 수 있는 근무환경을 만들어줘야 한다.

우리 서구청에서 시행하고 있는 '일과 삶의 균형 찾기'가 바로 그런 근무환경 만들기의 한 시도이다. 그렇게 신바람 나게 일하는 공무원들이 주민에게 봉사하고 스스로 공직의 가치를 높일 수 있다면, 그것이 곧 단체장의 소임을 다하는 게 아니겠는가.

'일 · 가정 양립'
선택이 아니라 필수다

광주 서구청 1층 로비에서는 지난 13일부터 '스웨덴의 아빠 사진전'이 열리고 있다. 양성평등 및 가족친화 정책의 롤모델로 평가받고 있는 스웨덴 가족문화의 가치를 공유하기 위해 마련된 자리다.

알려진 것처럼 스웨덴의 육아 휴직제도는 세계인의 부러움을 사고 있다. 어린 자녀를 둔 부부는 총 480일의 유급 육아휴직을 보장받는다. 육아만큼은 남녀의 차이가 없으니, 덩달아 출산율까지 높아지고 있다고 한다. 우리와 비교하면 부러운 일이 아닐 수 없다. 알려진 것처럼 우리나라의 노동시간은 세계 최고 수준이다.

OECD 통계에 따르면 우리나라 근로자의 평균 노동시간은 연간 2,113시간으로 세계 2위다. 더욱이 주 5일제가 도입된 지 10년이 넘었는데도 주 6일 이상 일하는 직장인이 663만 명(34.2%)에 이른다고 한다. 더 걱정스러운 것은 한국인의 노동시간이 갈수록 늘어나고 있다는 점이다. 이처럼 우리나라 직장인들은 장시간 노동에 시달리며 저녁이 있는 삶, 여유로운 삶은 생각지도 못하며 살아간다.

정부가 직장인들을 대상으로 실시한 근무혁신 실태조사에서 근무혁신을 위해 가장 필요한 것으로 '정시 퇴근'이 뽑힌 것만 보더라도 우리의 직장문화 현실이 어떠한가를 여실히 알 수 있다.

이러한 문제 인식에서 정부는 비효율적인 근무문화를 탈피하고, 일·가정 양립을 통해 안심하고 출산·육아를 병행할 수 있도록 하는 공무원 근무혁신 지침을 발표했다. 공직사회 근무혁신을 강도 높게 추진하겠다는 의지를 표명한 것이다. 민간기업들도 근로시간 단축제, 시차 출퇴근제, 탄력적 근로시간제 등 가족친화적 기업문화 조성을 위한 유연근무제 도입에 적극 나서고 있다.

이러한 시대적 요구에 발맞춰 서구도 지난해부터 가족친화적 직장문화 조성을 위한 다양한 시책을 추진 중에 있다. 일·가정 양립을 위한 46개의 시책을 새롭게 도입한 것.

부서간 협업 강화, 행사와 회의문화 개선, 각종 보고회 최소화, 불필요한 문서 생산 지양, 멘토·멘티제 확대, 정보화시스템 운영 등 업무효율을 통한 정시 퇴근 환경을 조성했다. 적재적소의 인력배치, 집중근무시간제 운영, 특별승급 및 특별휴가제 역시 같은 맥락에서 도입한 조치다. 특히 휴가제도 및 유연근무제 활성화, 육아기 근로시간 단축, '가족사랑의 날' 및 '나를 위한 날' 운영 등을 통해 가족과 함께하는 시간을 많이 갖도록 유도하고 있다.

'직장'에서 성취의 보람을 느끼고 '가정'에서 행복을 찾는 방향으로 패러다임을 바꿔야 하는 것이다. 그리고 공직사회부터 솔선해야 하며, 사회지도층부터 모범을 보여야 한다.

일과 가정의 양립은 이제 선택이 아닌 필수이며, 가족친화문화는 거스를 수 없는 시대적 흐름이 되었다. 안정된 직장생활과 자녀의 출산·양육 그리고 부모의 봉양과 여가 등 일과 가정이 조화를 이루도록 하는 데 우리 모두가 팔을 걷어붙여야 하는 이유다.

〈전남매일〉 2017-03-20

'일·가정 양립' 선택이 아니라 필수다

임우진
광주 서구청장

광주 서구청 1층 로비에서는 지난 13일부터 '스웨덴의 아빠 사진전'이 열리고 있다.

남성육아 및 가족과의 동반으로 물꼬로 평가받고 있는 스웨덴 가족문화의 가치를 공유하기 위해 마련된 자리다.

알려진 것처럼 스웨덴의 육아 휴직제도는 세계인의 부러움을 사고 있다.

어린 자녀를 둔 부부는 총 480일의 유급 육아휴직을 보장받는다. 육아 따른은 남녀의 차이가 없으며, 엄마와 출산율까지 높아지고 있다고 한다.

우리와 비교하면 부러운 일이 아닐 수 없다. 알려진 것처럼 우리나라의 노동시간은 세계 최고 수준이다.

OECD 통계에 따르면 우리나라 근로자의 평균 노동시간은 연간 2,113시간으로 세계 2위다.

더욱이 주 52시간제가 도입된 지 10년이 넘었는데도 주 6일 이상 일하는 직장인이 663만명(34.2%)에 이른다고 한다. 더 적지는 최소수준 것은 한국보다 더 노동시간이 급속히 늘어나고 있다는 점이다.

이처럼 우리나라 직장인들은 정시간 노동에 시달림에 저녁이 없는 삶, 여유로운 삶은 생각지도 못하며 살아간다.

정부가 직장인들을 대상으로 심시간 근무에서 실태조사에서 근무혁신을 위해 가장 필요한 것으로 '정시 퇴근'이 많은 것

만 보더라도 우리의 직장문화 현실이 어떠한가를 어림치 알 수 있다.

이러한 문제의 인식에서 정부는 비효율적인 근무문화를 탈피하고, 일·가정 양립을 통해 안심하고 출산·육아를 병행할 수 있도록 하는 공무원 근무혁신 지침을 발표했다. 공무원의 근무혁신을 강도 높게 추진하겠다는 여지를 표명한 것이다.

민간 기업들도 근로시간 단축제, 시차출퇴근제, 탄력제 근로시간제 등 가족친화적 기업문화를 조성하기 위한 유연근무제 도입에 적극 나서고 있다.

이러한 시대적 요구에 발맞춰 서구도 지난해부터 가족친화의 직장문화 조성을 위한 다양한 시책을 추진하고 있다. 일·가정 양립을 위한 46가지 시책을 세심하게 도입한 것.

부서간 협업 강화, 행사의 최소화를 개선, 각종 보고의 최소화, 불필요한 문서작성 지양, 멘토·멘티제 확대, 정보화시스템 운영 등 업무 효율을 통한 정시 퇴근

환경을 조성했다. 적재적소의 인력배치, 집중 근무시간제 운영, 특별승급 및 특별 휴가제 역시 같은 맥락에서 도입한 조치다.

특히, 휴가제도 및 유연근무제 활성화, 육아기 근로시간 단축, '가족 사랑의 날' 및 '나를 위한 날' 운영 등을 통해 가족과 함께하는 시간을 많이 갖도록 유도하고 있다.

'직장'에서 성취와 보람을 느끼고 '가정'에서 행복을 찾는 방향으로 배려다움을 바꿔야 하는 것이다. 그리고 공직사회부터 솔선해야 하며, 사회지도층까지 모범을 보여야 한다.

일과 가정의 양립은 이제 선택이 아니라 필수이며, 가족친화 문화는 거스를 수 없는 시대적 흐름이 되었다.

안정된 직장생활과 자녀의 출산·양육 그리고 부모의 봉양과 여가 등 일과 가정이 조화를 이루도록 하는데 우리 모두가 힘을 모아야 하는 이유다.

합리적 비판은
자치분권의 힘

2014년 취임 직후 민선 5기의 구정 자료를 검토했다. 구정 전체가 총체적 부실 상태였다. 누구도 문제 제기를 하지 않았다는 것이 퍽 의아했다. 내부에서든 외부에서든 따가운 지적이 있었더라면 문제를 자각하고 개선책을 내놓았을지 모를 일이 아닌가. 내부에서 공무원들이 문제를 제기하는 건 쉽지 않은 일이다. 게다가 문제의식도 별로 치열하지 않았으리라.

조직 내외부의 합리적 비판과 평가가 지방자치를 더욱 성숙시키고, 지역 발전을 촉진시킨다.

부실하고 황폐화된 구정을 그대로 이어갈 수는 없었다. 대대적인 개혁 작업에 돌입했다. 문제가 있는 것은 모두들 알고 있었지만 업무 방식을 갑자기 바꾸는 것은 힘들어했다. 논의 끝에 속도를 조절하기로 했다. 한 가지 아쉬운 것은 신임 구청장이 아니라 외부로부터 비판이 가해졌더라면 힘든 내색을 할 수 있었을까 하는 점이다. 건전한 비판 기능이 얼마나 중요한지를 새삼 일깨워준다.

구청장으로 일하는 동안 구정에 대한 합리적 문제제기가 미약한 점은 단체장으로서 접한 (예상치 못한) 고충이다. 뿐만 아니다. 정책 집행의 과정과 결과를 외부에서 객관적으로 진단해주면 좋겠는데, 어디에도 그런 역할을 기대할 수 없다. 지방자치의 품질이 높아지려면 이제부터라도 엄정한 평가가 뒤따라야 한다. 종합적이고 균형 잡힌 평가가 주기적으로 이루어져야 한다.

감시비판 기관이 본연의 역할을 얼마나 잘하느냐에 지방자치의 성패가 달려 있다. 건전하고 합리적인 비판은 분명 구정에 도움이 된다. 하지만 흠집 내기 식 비판, 비판을 위한 비판은 갈등과 비효율만 초래할 뿐이다. 의회와 구청이 중의를 모아 합리적 결론에 도달할 수 있도록 서로 협력이 잘 이루어지기를 기대한다.

　지역 언론도 마찬가지다. 심층 분석으로 종합적인 진단 평가를 내리는 대신 단편적이고 지엽적인 문제를 일회성으로 보도하는 일이 대부분이다. 언론의 사회 감시와 비판 기능에 대한 아쉬움이 컸다. 다행히 최근 지역언론 몇 곳에서 변화의 조짐이 나타나고 있어 기대가 크다.

　민주당 지역위원장 시절의 일이다. 시의원·구의원의 의정활동과 민선 5기 지방자치의 문제점을 진단·평가해보자고 언론사들에 제안했다. 취지에는 다 동의했으나 실행한 곳은 한 군데도 없었다. 지역언론사의 열악한 경영환경이 안타깝다.

　단체장에 대해서도 마찬가지다. 주민과 지역사회의 다각적인 평가를 통해 공천이 이루어져야 하는데, 현실에서는 객관적인 평가가 제대로 이루어지지 않는다. 그나마 한 가지 반가운 소식은 2018년 지방선거에 대비해 민주당에서 최초로 현직 자치단체장들의 실적을 평가한 일이다. 우리 정치에서도 성과 평가로 정치인의 진퇴를 좌우하는 합리적 사회로 나아가는 계기가 되었으면 한다.

　이제는 단체장과 의원 등 선출직들이 무슨 일을 어떻게 했는지, 그로 인해 공직사회와 지역사회에 어떤 변화가 나타났고 주민들은 어느 정도 만족하였는지를 제대로 분석하고 평가해야 한다.

분권형 국가는
우리의
시대적 사명이다

우리는 헌정 사상 최초로 현직 대통령 파면이라는 역사를 경험하며 견제받지 않는 권력이 초래하는 심각한 국가적 위기 상황과 정치적 퇴보를 직접 눈으로 확인할 수 있었다.

그러나 위기의 상황에서도 얻은 것이 있다. 중앙정부의 기능이 제대로 작동을 하지 않는다 하여도, 지방분권이 충분히 이루어져 지자체들이 역할을 충실히 한다면, 완전하지는 않더라도 우리 사회가 원활히 운영될 가능성이 있음을 확인한 것이다. 자율성을 가진 지방정부가 중앙정부의 행정공백을 메워줌으로써 국민의 일상적인 생활질서는 큰 지장을 받지 않고 평소 때와 같은 평온을 유지할 수 있었다. 대통령 탄핵이라는 국가혼란 상황이 지방분권의 필요성을 역설적으로 설명해준 것이다.

그러나 진정한 지방분권을 위해서는 아직도 가야 할 길이 멀다. 가장 우선적인 과제는 두 가지이다.

첫 번째는 지방분권을 위한 제도적 뒷받침이다. 현행 헌법은 1987년 민주화 항쟁을 통해 얻은 값진 결과지만, 그 후로 30년이 지난 지금의 현실을 반영하기에는 미진한 부분이 있는 것이 사실이다. 특히 지방자치에 관해서는 헌법의 전체 중에서 두 개 조항뿐으로 다른 선진국 헌법에 비해 지방자치 조항이 너무 빈약하여 극히 제한된 범위 내에서 자치일 뿐, 더 이상 확대되지 않고 있다. 지방분권을 열망하는 국민의 요구를 담을 수 있도록 헌법적 근거 마련이 시급하다 하겠다. 다행히 대선과 함께 개헌이 사회적인 이슈가 되고 있다. 이런 천재일우의 기회를 활용하여 국가권력을 중앙과 지방에 적절히 배분하여 국정운영의 효율성과 민주성, 지방의 자율성과 다양성을 보장하며 진정한 풀뿌리 지방자치를 실현하는 '지방분권형 개헌'이 되어야 한다.

두 번째 과제는 지방자치에 대한 학술적, 학문적 연구의 활성화이다. 지방자치 관련 인재가 부족하기 때문에 지방자치, 지방분권에 대한 학문적 연구가 더디게 발전하고 있다. 이를 극복하고자 우리 구를 포함한 지방자치단체들은 지방자치를 독자적인 학문 영역으로 구축하기 위해 교육프로그램 연구·개발에 속도를 내고 있다.

또한 자치분권을 촉진하고 지방자치 발전을 도모하기 위하여 지방자치단체장들의 협의기구인 자치분권지방정부협의회에서는 지방자치의 이론적 토대를 마련하고 교육모델을 제시하기 위해 지난 3월부터 자치분권대학 캠퍼스를 개설했다. 자치분권대학 캠퍼스는 진정한 지방자치 인재를 길러내고 자치분권 교육을 강화하여 지방자치시대의 진정한 의미를 되찾아 지방정부가 제 역할과 기능을 하고, 지방공무원의 지방자치 전문성을 강화하여 행정영역의 질을 높여가고, 성숙한 생활정치가 이루어질 수 있도록 시민 자치 역량을 강화하는 것이 최종 목표이다.

우리 서구도 이러한 지방자치 발전을 위한 중요한 시점에 지방분권을 위한 노력을 아끼지 않고 있다. 작년에는 지방분권의 촉진과 지원을 위해 '광주광역시 서구 자치분권 촉진 및 지원 조례'를 제정·시행하였고, 지방분권에 대한 지방정부의 연대와 협력을 강화하기 위해서 '자치분권지방정부협의회'에 가입하여 활동하고 있다.

올해도 역시 지방분권에 대한 노력을 가일층 강화해 나갈 것이다. 지방분권에 관한 정책 개발과 자치역량 강화를 위해 자치분권협의회를 구성할 것이며, 지방자치 인재를 길러내는 자치분권 교육을 강화하고자 자치분권대학 캠퍼스 개설을 추진 중에 있다.

지방분권은 세계화·지방화 시대에 역행할 수 없는 시대적 흐름이다. 스위스의 백바젤 경제연구소(BAK Basel Economic)에서 세계 29개국 234개 지역(Regime)을 대상으로 지방분권과 경제적 성과의 관계에 관해 연구한 결과, 지방분권의 수준이 높은 나라일수록 GDP 성장과 1인당 GDP가 높은 수준이며, 특히 지방분권이 경제적 번영의 동력이 되는 기술혁신을 촉진하는데 긍정적인 영향을 미친다고 나타났다.

글로벌 시대 경쟁력 있는 선진 국가 건설을 위해서는 지방분권의 강화가 그 어느 때보다 중요한 시기이며, 이러한 시대적 흐름에 부응하기 위해 중앙정부와 지방정부가 국가의 두 축으로서 서로의 균형을 맞출 수 있는 지방분권은 우리사회의 국민적 열망이자 시대적 사명이라 할 수 있을 것이다.

〈무등일보〉 2017-03-23

분권형 국가는 우리의 시대적 사명이다

특별기고

임우진
광주광역시 서구청장

최근 우리는 헌정사상 최초로 현직 대통령 파면이라는 역사를 경험하며 견제 받지 않는 권력이 초래하는 심각한 국가적 위기 상황과 정치적 퇴보를 직접 눈으로 확인할 수 있었다.

그러나 위기의 상황에서 얻은 것이 있다. 중앙정부의 기능이 제대로 작동을 하지 않는다 하여도, 지방분권이 충분히 이루어져 지자체들이 역할을 충실히 한다면, 완전하지는 않더라도 우리사회가 원활한 운영될 가능성이 있음을 확인한 것이다. 자율성을 가진 지방정부가 중앙정부의 행정공백을 메워줌으로써 국민의 일상적인 생활질서는 큰 지장을 받지 않고 평소 때와 같은 평온을 유지할 수 있었던 것이다. 대통령 탄핵이라는 국가혼란 상황이 지방분권의 필요성을 역설적으로 설명해준 것이다.

그러나 진정한 지방분권을 위해서는 아직도 가야 할 길이 멀다. 가장 우선적인 과제는 두 가지이다.

첫 번째는 지방분권을 위한 제도적 뒷받침이다. 현행 헌법은 1987년 민주화 항쟁을 통한 얻은 값진 결과이지만, 그 후로 30년이 지난 지금의 현실을 반영하기에는 미진한 부분이 있는 것이 사실이다. 특히 지방자치에 관해서는 헌법의 전체 중에서 두 개 조항뿐으로 다른 선진국의 헌법에 비해 지방자치 조항이 너무 빈약하여 극히 제한된 범위 내에서 자치일 뿐, 더 이상 확대되지 않고 있다. 지방분권을 열망하는 국민의 요구를 담을 수 있도록 헌법적 근거 마련이 시급하다 하겠다. 다행히 대선과 함께 개헌이 사회적인 이슈가 되고 있다. 이런 현재일우의 기회를 활용하여 국가권력을 중앙과 지방에 적절히 배분하여 국정운영의 효율성과 민주성, 지방의 자율성과 다양성을 보장하며 진정한 풀뿌리 지방자치를 실현하는 '지방분권형 개헌'이 되어야 한다.

두 번째 과제는 지방자치에 대한 학술적, 학문적 연구의 활성화이다. 지방자치에 대한 인재가 부족하기 때문에 지방자치, 지방분권에 대한 학문적 연구가 더디게 발전하고 있다. 이를 극복하고자 우리구를 포함한 지방자치단체들은 지방자치를 독자적인 학문 영역으로 구축하기 위해 교육프로그램 연구 개발에 속도를 내고 있다.

또한 자치분권을 촉진하고 지방자치 발전을 도모하기 위하여 지방자치단체장간 협의기구인 자치분권지방정부협의회에서는 지방자치의 이론적 토대를 마련하고 교육모델을 제시하기 위해 지난 3월부터 자치분권대학 캠퍼스를 개설했다. 자치분권대학 캠퍼스는 진정한 지방자치 인재를 길러내고 자치분권 교육을 강화하여 지방자치시대의 진정한 의미를 되찾아 지방정부가 제 역할과 기능을 하고,

지방공무원의 지방자치 전문성을 강화하여 행정영역의 질을 높여가고, 성숙한 생활정치가 이루어질 수 있도록 시민 자치 역량을 강화하는 것이 최종 목표이다.

우리 서구도 이러한 지방자치 발전을 위한 중요한 시점에 지방분권을 위한 노력을 아끼지 않고 있다. 작년에는 지방분권의 촉진과 지원을 위해 '광주광역시 서구 지방분권 촉진 및 지원 조례'를 제정·시행하였고, 지방분권에 대한 지방정부간의 연대와 협력을 강화하기 위해서 '자치분권지방정부협의회'에 가입하여 활동하고 있다.

올해도 역시 지방분권에 대한 노력을 가일층 강화해 나갈 것이다. 지방분권에 관한 정책 개발과 자치역량 강화를 위해 자치분권협의회를 구성할 것이며, 지방자치 인재를 길러내는 자치분권 교육을 강화하고자 자치분권대학 캠퍼스 개설을 추진중에 있다.

지방분권은 세계화·지방화 시대에 역행할 수 없는 시대적 흐름이다. 스위스의 바젤별 경제연구소(BAK Basel Economic)에서 세계 29개국 234개 지역(Regime)을 대상으로 지방분권과 경제적 성과의 관계에 관해 연구한 결과, 지방분권의 수준이 높은 나라일수록 GDP 성장과 1인당 GDP가 높은 수준이며, 특히 지방분권이 경제적 반영의 동력이 되는 기술혁신을 촉진하는데 긍정적인 영향을 미친다고 나타났다.

글로벌 시대 경쟁력 있는 선진 국가 건설을 위해서는 지방분권의 강화가 그 어느 때보다 중요한 시기이며, 이러한 시대적 흐름에 부응하기 위해 중앙정부에 지방정부가 국가의 두 축으로서 서로의 균형을 맞출 수 있는 지방분권은 우리사회의 국민적 열망이자 시대적 사명이라 할 수 있을 것이다.

책임행정과
정도자치

2014년 선거에서 구청장에 당선되기까지 여기저기서 함께 일했던 사람들의 호의적 평판이 큰 역할을 했으리라 생각된다. 정도를 지키며 살려고 노력한 것이 헛되지 않아 다행이다. 그간 인사발령을 많이 냈음에도 후유증이 한 번도 없었던 것 역시 그 덕분이라고 믿는다. 인사가 시행되면 불만 있는 이들이 찾아와 항의하는 일이 있기 마련이다. 하지만 늘 당사자의 여건을 고려해서 형평을 맞추고, 이해를 구하면서 미리 정지작업을 했기에 부작용이 없었다.

공직에 있을 때도 따르는 직원들이 많았는데 그 이유가 뭘까 혼자 생각해본 적이 있다. 소신을 갖고 조직을 합리적으로 이끌어간다는 신뢰가 그 힘이 아니었을까. 합리적으로 일을 처리하고 직원들을 인격적으로 대하면 누구와도 신뢰관계를 쌓을 수 있다.

주변에서 '깨끗한 사람'이라고 평한다는 소리를 자주 듣는다. 하지만 공직자라면 청렴은 기본 덕목이 아닌가. 그게 큰 칭찬이 된다면, 이 사회에 문제가 있다는 뜻이다.

1979년 5월 6일에 공직에 입문해서 2010년 2월 9일에 지방행정연수원장을 그만두었으니 공직에 있었던 기간은 총 30년 9개월이다. 사실 퇴임은 내 의사가 아니었다. 승진 적체를 해소하기 위한 상부의 권고, 아니 강요에 가까운 결정이었다. 하고 싶은 일, 해야 할 일이 많았기에 받아들이기 어려웠다. 취임 후 1년 동안 열정을 쏟아 부은 지방행정연수원 개혁도 원점으로 돌아갈 것이 뻔했다. 하지만 공무원 조직의 성격상 용퇴를 기대하는 상관의 뜻을 거스르면서 무슨 일을 더 할 수 있겠는가. 깨끗하게 정리하기로 했다.

시간이 얼마 남지 않은 상황에서 업무를 마무리하고 업무 인계 준비를 서둘렀다. 우선 간부들과 상의 끝에 그간의 개혁 성과와 향후 과제를 책으로 엮기로 했다. 누가 후임자로 오든 연수원의 개혁을 완수할 수 있도록 하자는 취지에서다. 직접 집필한 내용이 많고 짧은 시간에 준비하다 보니 퇴임 전날까지 교정을 보느라 집무실에서 꼬박 밤을 새웠다.

옛이야기를 꺼낸 것은 이렇게 열심히 일했노라고 자랑하려 함이 아니다. 공직자는 막중한 책임감을 지녀야 한다는 것을 강조하기 위해서다. 지금까지 공직생활을 하는 동안 일관되게 '책임행정'을 추구해 왔다고 감히 말할 수 있다. 인사발령이 날 때면 매번 그동안 완료한 일과 못다 한 일을 정리하여 후임자에게 인계해주곤 했다. 그 자리를 떠나지만 후임자는 바통을 이어받아 다음 일, 내일 일을 준비해야 하기 때문이다. 그런데 유감스럽게도 나는 어느 조직, 어느 부서에서도 전임자로부터 그와 같은 자료를 전해 받은 적은 없었다.

관선과 민선 시대를 두루 거친 자치단체장으로서, 관선 시대나 민선 시대나 공직자의 마음가짐은 한 치도 다를 바가 없다고 본다. 기본적으로 공직자의 직분은 주민에 대한 서비스이기 때문이다. 그런데도 일부 공직자들은 인사나 재정 등 민감하고 중요한 일을 '책임'이 아닌 '권한'으로 인식하고 행하는 모습을 보는 경우가 많다.

민선 자치단체장은 관선 자치단체장과는 달라야 한다. 시대 환경과 행정환경이 달라진 것에 적응하고 주민들의 새로운 요구에 부응해야 한다. 관선 시대에는 주로 임명권자의 방침을 의식하지만 민선시대에는 선거권자인 주민의 요구와 기대를 바탕으로 더욱 적극적으로 행정을 추진해야 한다.

사실 관선 시대의 구청은 최일선 행정기관으로서 상급기관에서 내려오는 지시를 충실히 따르기만 하면 되었다. 그러나 이제는 구청 단위에서도 어느 정도의 독립적인 자치운영이 가능해졌다. 구청장에게 행정적 역할 외에 정치적 역할까지 요구되는 분위기다. 실제로 구청장의 활동 반경과 역할 범위가 상당한 수준으로 확대되고 있다. 뿐만 아니다. 지금은 지역사회가 예전에 비해 큰 폭으로 민주화·다원화되어 행정기관이 일하는 방식에도 변화가 필요하다. 같은 지역에 거주한다 해도 주민들마다 가치관, 지향점, 이념이 다르다. 설령 소통이 잘 되지 않는 상대가 있다 해도 배제하지 말고 어떻게든 연대와 통합을 모색해야 한다.

후진적인 자치문화가 뿌리내린 배경은 선거직들이 자신의 정치적 욕구에 치우쳐 일하려는 성향 때문이다. 혹자는 공직을 권력 유지의 수단으로 악용하기도 했고 대중의 감성적 투표 행태를 이용해 연임에 성공하기도 했다. 자신에게 주어진 역사적 책무를 저버린 셈이다. 선거직 지도자라면 수준 높은 자치 실현을 위해 온몸을 던져야 한다. 특히 광주의 지도자라면 진정한 민주·인권·평화의 도시를 만들기 위해 헌신해야 하지 않는가. 대한민국의 지도자라면 답보 상태인 조국의 선진화를 위해 자신을 내놓아야 하지 않는가.

자치단체에 만연한 후진적 자치문화를 청산하는 일은 오직 자치단체장만 할 수 있다. 주민도, 중간 간부도 대신해 줄 수 없다.

지난 4년 동안 우리 서구의 적폐 청산은 70% 정도는 이루어졌다고 본다. 한 번 더 기회가 주어진다면 적폐 청산이 훨씬 더 진전될 것이다. 공직문화를 근본부터 바꾸는 작업은 공무원들의 가치관을 점진적으로 변화시키는 일이므로 시간이 필요하다.

리더가 앞장서서 내부 구성원들을 설득하면서 시스템을 바꾸고 문화를 바꿔가야 한다.

공직에 있는 동안 어디서든 개혁을 시도했다. 비합리적·비효율적업무 처리를 그대로 보고 있지 못했다. 때때로 기존 체제에 익숙한 이들은 저항했고, 도전도 불사했다. 하지만 그들과 충돌하지 않고 이해와 양보를 통해 원만하게 해결해 나갔다.

충돌 없는 개혁이 가능했던 것은 무리하지 않는 범위 내에서 목표를 정하여 차근차근 해 나가자고 설득한 덕분이다. 개혁

의지를 갖고 단계적으로 추진하다 보면 어느 순간 성과가 나오게 되어 있다. 또, 무엇이든 솔선수범해서 하니 직원들이 따라오지 않을 수 없었다. 리더가 모범을 보이지 않으면 구성원을 설득할 수 없다. 리더는 자신의 진실성과 성실성을 온몸으로 보여줘야 한다.

물론 리더십의 스타일은 사람마다 다르다. 사람을 혹독하게 컨트롤하는 권위주의적인 리더도 있고 감성에 호소하는 감성적 리더십도 있다. 내 경우는 어느 쪽도 아닌, 합리적 리더십이라 할 수 있다. 우선 이 일을 왜 해야 하는지 이성적으로 설득한다. 그런 다음 일을 무리 없이 해나갈 수 있도록 지원하고, 어려운 일은 솔선수범한다. 그리고 직원들이 이뤄낸 성과를 온전히 인정해주고, 노력에 상응하는 보상이 이루어지도록 인사고과에 반영한다. 이렇게 이끌어 가면 합리적으로 사고하는 직원들은 모두 수긍하고 따라준다. 원칙을 지키는 리더십, 방향을 제시하는 리더십, 동기를 부여하는 리더십이 바로 내가 지향하는 바다.

적폐(積弊) 청산,
대상은 과연 누구인가

"광주의 적폐 청산 제1호 단체장, 임우진 서구청장은 즉각 사퇴하라!"

지난 10일 전국공무원노동조합(이하 전공노) 광주본부는 서구청 앞 광장에서 기자회견을 갖고 필자의 사퇴를 요구했다.

노조 활동과 관련하여 행자부와 광주광역시가 직원들에게 교육시키도록 시달한 공문을 부서 직원들과 노조 측에 전달한 것을 두고 '노조 탄압'이라고 주장하며 구청장 사퇴를 요구한 것이다.

정당한 노조활동을 인정받지 못하고 있는 서구 지부가 3년 가까이 구정의 발목을 잡으며 성과주의 폐지와 구청장 사퇴 투쟁

—

을 계속해오고 있는 가운데, 이번에는 전공노 광주본부 및 5개 구 지부 임원들이 서구청으로 몰려와 즉각 사퇴를 요구하며 으름장을 놓았다.

전공노가 폐지를 요구하고 있는 성과관리제도는 정부업무평가기본법 등에 근거한 평가제도로, 현재 전국 245개 지자체가 자체평가를 시행 중에 있다. 문제는 이처럼 법률에 기반하여 국가정책으로 시행되고 있는 성과관리제도를 중앙정부나 국회가 아닌 구청장에게 폐기하라고 요구하며 사퇴투쟁을 벌이고 있다는 점이다.

물론, 아무리 좋은 법이나 제도라 하더라도 동전의 양면처럼 부정적인 측면은 있게 마련이다. 때문에 우리 구에서는 TF팀을 구성하여 성과관리시스템의 개선·보완을 위한 협상을 수차례 진행했지만, 전공노 서구 지부는 무조건적인 폐기만을 요구하며 논의에는 아예 참여하지도 않았다.

노조의 구정에 대한 발목잡기는 비단 이뿐만이 아니다. 가로변 청소나 불법노점상 정비 등 공직자 본연의 업무까지도 보여주기식 전시행정이라고 폄훼하며, 공무원들의 참여 거부를 선동하기도 했다. 또 구청장과 직원들을 상대로 근거 없는 고소와 고발을 수차례 남발하였고, 무혐의로 판명이 났음에도 그 어떠한 사과나 해명조차 없었다.

이처럼 전공노 서구지부는 법에 어긋나고 상식적으로 공감할 수 없는 내용과 방법으로 요구사항이 관철될 때까지 지속적이고 반복적으로 투쟁을 계속해오고 있다. 잘못된 행위에 대해서도 일말의 사과나 반성은커녕 대화로 해결할 수 있는 일도 비이성적인 강경투쟁으로만 일관하고 있는 것이다.

더 큰 문제는 일부 강성 노조 임원만의 독단적인 노조 운영으로 인하여 합리적인 대화와 타협이 불가능하다는 점이다. 투명하고 민주적으로 운영되어야 할 노조가 조합원의 의견 수렴절차 없이 소수 임원 몇 명에 의해 의사가 결정되고 있는 것이다.

이처럼 공무원 신분을 망각한 투쟁 일변도의 노동활동과 논리나 일관성, 책임감도 없는 맹목적 투쟁으로 인하여 조직의 분열과 직원 간 갈등 또한 심각한 상황이다.

오죽하면 지역민들과 언론에서까지 불법적인 노조활동 행위를 중단할 것을 요구했겠는가? 그러한 여론에도 서구 지부는 귀를 닫고 강경일변도의 투쟁만을 고수하고 있다.

지금은 조기 대선 등 정치·사회적으로 엄중한 시기이며, 특히 정치적으로 중립을 지켜야 할 공무원들이 근무시간 중 불법집단행위에 참여한다거나 근무지를 이탈하는 위법행위가 발생해서는 안 된다. 그러한 사항을 직원들에게 주지시키는 것은 기관장으로서 당연히 해야 할 일이다.

그럼에도 서구지부는 노조 탄압이라고 주장하며 필자를 '적폐 청산 1호'로 단정지었다. 법을 지키고자 했던 노력의 대가치곤 너무나도 가혹하고 억울한 심정이다. 더 참담한 것은 낙후된 지역발전을 위해서는 각계 각층 모두가 힘을 모아도 부족할 판에, 전공노 서구지부의 계속되는 구정 발목잡기로 인하여 공직 내부의 갈등이 심화되고, 서구와 구민들의 명예가 손상되고 있다는 점이다.

비이성적인 강경투쟁만으로는 그 어떤 문제도 해결할 수 없으며, 지속적이고 반복적인 불법투쟁은 반목과 갈등만 부추길 뿐이다. 마땅히 지켜야 할 법과 국가정책 그리고 공무원의 책무를 거부하며 막무가내식 투쟁만을 일삼고 있는 집단이 적폐의 대상인지, 아니면 불법과 잘못된 투쟁 관행을 바로잡고자 법의 준수를 요구하는 구청장이 적폐의 대상인지 냉철히 따져볼 일이다.

이제라도 지역 언론과 정치 지도자, 시민사회, 공직사회 그리고 시민들이 전공노 서구지부의 행태에 대한 명확한 사실 확인과 올바른 문제인식으로 과연 누가 적폐의 대상인지 판단해 주실 것을 통한의 심정으로 호소드린다.

<남도일보> 2017-04-19

특별기고

임우진
<광주광역시 서구청장>

적폐(積弊) 청산, 대상은 과연 누구인가?

"광주의 적폐 청산 외 단체장, 임우진 서구청장은 즉각 사퇴하라!"

지난 10일 전국공무원노동조합(이하 전공노) 광주본부는 서구청 광영에서 기자회견을 갖고 필자의 사퇴를 요구했다.

노조활동과 관련하여 행자부와 광주광역시가 자원들에게 교육사키도록 시달한 공문을 부서 자원들과 노조 측에 전달한 것을 두고 '노조 탄압'이라고 주장하며 구청장 사퇴를 요구한 것이다.

청답한 노조활동을 인정받지 못하고 있는 서구 자부가 3년 가까이 구청에 발목을 잡으며 성과주의 폐지와 구청장 사퇴 투쟁을 계속해오고 있는 가운데, 이번에는 전공노 광주본부 및 5개구 지부 임원들이 서구청으로 몰려와 즉각 사퇴를 요구하며 으름장을 놓았다.

전공노가 폐지를 요구하고 있는 성과관리제도는 정부업무평가기본법 등에 근거한 평가제도로, 현재 전국 245개 지자체가 자체평가를 시행중에 있다.

문제는 이처럼 법률에 기반하여 국가 정책으로 시행되고 있는 성과관리제도를 중앙정부나 국회가 아닌 구청장에게 폐기하라고 요구하며 사퇴투쟁을 벌이고 있다는 점이다. 물론, 아무리 좋은 법이라 제도라 하더라도 문제의 양면적부 측면이 있게 마련이다. 때문에 우리 구에서는 TF팀을 구성하여 성과관리시스템의 개선·보완을 위한 협상을 수차례 진행했지만, 전공노 서구 지부는 무조건적인 폐지만을 요구하며 논의에는 어에 참여하지도 않았다.

노조의 구청에 대한 발목잡기는 비단 이 뿐이 아니다. 가로변 청소나 발령노정상 정비 등 공직자 본연의 업무까지도 보여주기식 전시행정이라고 폄훼하며, 공무원들의 참여 거부를 선동하기도 했다. 또, 구청장과 직원들을 상대로 근거 없는 고소와 고발을 수차례 남발하였고, 무혐의로 판명이 났음에도 그 어떠한 사과나 해명조차 없었다.

이처럼 전공노 서구 지부는 법에 어긋나고 상식적으로 공감할 수 없는 내용과 방법으로 요구사항이 관철될 때까지 지속

적이고 반복적으로 투쟁을 계속해 오고 있다. 잘못된 행위에 대해서도 일말의 사과나 반성은 커녕 대화로 해결할 수 있는 일도 비이성적인 강경 투쟁으로만 일관하고 있는 것이다.

더 큰 문제는 일부 강성 노조 임원만의 독단적인 노조 운영으로 인하여 합리적인 대화와 타협이 불가능하다는 점이다. 투쟁하고 민주적으로 운영되어야 할 노조가 조합원의 의견수렴 절차 없이 소수 임원 몇몇에 의해 의사가 결정되고 있는 것이다.

이처럼 공무원 신분을 망각한 투쟁 일변도의 노동활동은 논리, 일관성, 책임감 없는 맹목적 투쟁으로 인하여 조직의 분열과 직원간 갈등 등의 심각한 상황이다.

오죽하면 지역민들과 언론에서까지 불법적인 노조활동 행위를 중단할 것을 요구했겠는가? 그러한 여론에도 서구 지부는 귀를 닫고 강경일변도의 투쟁만을 고수하고 있다.

지금은 조기 대선 등 정치·사회적으로 엄중한 시기이며, 특히 정치적으로 민감을 지켜야 할 공무원들이 근무시간을 불법 집단행위에 참여한다거나 근무지를 이탈하는 위법행위가 발생해서는 안 된다. 그러한 사항을 직원들에게 주지시

키는 것은 기관장으로서 당연히 해야 할 일이다.

그럼에도 서구 지부는 노조 탄압이라고 주장하며 필자를 '적폐 청산 1호'로 단정짓고, 법을 지키고자 했던 노력의 대가치고 너무나도 가혹하고 억울한 심정이다. 더 참담한 것은 낙후된 지역 발전을 위해서는 각계 각층 모두가 힘을 모아도 시간이 부족할 판에, 전공노 서구지부의 계속되는 구청 발목잡기로 인하여 공직내부의 갈등이 심화되고, 서구와 구민들의 명예가 손상되고 있다는 점이다.

비이성적인 강경 투쟁만으로는 그 어떤 문제도 해결할 수 없으며, 지속적이고 반복적인 불법투쟁은 반목과 갈등만 부추길 뿐이다. 마땅히 지켜야 할 법을 국가 정책, 지침고 공무원의 책무를 거부하며 막무가내식 투쟁만을 일삼고 있는 집단이 적폐의 대상인지, 아니면 불법을 잘못된 투쟁 관행을 바로잡고자 법의 준수를 요구하는 구청장이 적폐의 대상인지 냉철히 따져봐 일이다.

이제라도 지역 언론과 정치 지도자, 시민사회, 공직사회, 그리고 시민들이 전공노 서구지부의 행태에 대한 명확한 사실 확인과 올바른 문제인식으로 과연 누가 적폐의 대상인지 판단에 주실 것을 통한의 심정으로 호소드린다.

재정분권 없는
지방분권은 없다

지방분권의 핵심은 재정분권이다. 재정적 권한과 책임을 중앙정부에서 지방정부로 이양하지 않으면 진정한 지방분권은 없다. 이양되는 권한에는 조세와 지출에 관한 의사결정권도 포함된다. 재정분권은 경제적 효율성을 증가시키고 경제성장을 촉진한다.

지난 2017년 11월 24일, 분권형 개헌 추진을 앞두고 범정부 재정분권 TF가 출범했다. TF에서는 앞으로 지방재정 확충방안, 지자체간 재정균형 확보방안, 국고보조사업 개선방안, 지방재정의 자율성 및 책임성 확보방안 등을 논의할 예정이다. 문제는 빈약한 지방재정이다. 2016년 현재 자치단체의 전국 평균 재정자립도는 55.8%에 불과하다.

특히 광주와 전남은 전국 평균에도 한참 못 미치는 수준이다. 지방재정을 개선하기 위해서는 국가재정과 지방재정의 조화를 도모하고 지방재정을 혁신해야 한다.

지방정부의 재정문제를 극복하기 위한 개선 방안은 대체로 세 가지 면에서 살펴볼 수 있다.

첫째, 세원을 조정해 국세와 지방세 간의 불균형을 해소해야한다. 즉 국세와 지방세의 비율을 현행 8대 2에서 6대 4 수준까지는 끌어올려야 한다. 다행히 정부에서도 "지방재정 자립을 위한 재정분권을 강력하게 추진키로 했다. 현재 8대 2 수준인 국세와 지방세 비율을 7대 3으로 조정하고, 장기적으로는 6대 4 수준이 되도록 개선하겠다"고 했으니 기다려볼 일이다. 아울러 지방소비세와 지방소득세의 비중 확대, 추가 세원 발굴 등 세부 실천방안에 대한 면밀한 연구도 뒤따라야 한다.

정부가 도입을 약속한 고향사랑기부제도 지자체들의 재정상태 개선에 도움이 되는 좋은 방안이다. 고향사랑기부제란 지방자치단체에 기부하는 사람에게 세금공제 혜택이나 인센티브를 주는 제도로, 일본의 '고향세' 제도와 유사하다. 문재인 정부 100대 국정과제에 포함되어 있다.

고향사랑기부제가 시행되면 전체적으로 1조 6,000억~3조 원 규모의 기부가 들어올 것으로 예상된다. 이 정도면 특히 재정자립도가 낮은 지자체들에 큰 도움이 된다. 저출산・고령화로 납세인구는 줄고 반대로 복지 분야 세출은 늘어나고 있는 것이 지자체들의 공통된 현실이다. 이와 함께 포괄보조금제도의 도입도 고려해봄직하다. 이는 지자체별로 각각 예산편성 한도 내에서 필요 사업을 자율적으로 선택하는 제도다. 지방재정의 운용에 탄력성과 자율성이 확대될 것으로 기대된다.

　두 번째로, 지자체 간 재정격차를 완화하기 위해 공동세를 도입해야 한다. 공동세는 '중앙과 지자체 간' 또는 '지자체와 지자체 간'에 특정 세목을 공동으로 걷은 뒤 일정 비율로 나눠 쓰는 제도다. 재정 형편이 좋은 지자체에서 세금을 더 걷어 세수가 부족한 지자체를 지원하는 식이다. 물론 세수가 넉넉한 지자체들의 반발이 걸림돌이 될 수 있다. 하지만 자치선진국 독일은 이미 소득세, 법인세, 부가가치세에 공동세를 도입, 운영 중이란 점을 참고하자.

　세 번째, 지방재정 조정제도의 개선이다. 지방재정 조정제도란 중앙과 지방의 재정력 격차로 생겨나는 지방재정 부족분을 보전하고 지역 간 재정능력 격차를 시정하는 제도다. 일단 교부금의 교부율을 높이면 광역자치단체에서 기초자치단체로 이전되는 재원을 늘릴 수 있다. 또한 수도권이 광역단체들에 배분하는 지역상생발전기금을 확대하면 수도권 개발이익을 지방과 더 많이 공유하게 되고 지자체간 재정격차 해소에도 도움이 될 수 있다.

다행히 2018년에는 열악한 지방재정을 지원하기 위한 방안들이 마련될 예정이다. 일단 정부가 발표한 자치분권 로드맵에 지역 간 재정격차 완화 방안이 담겨 있다. 늘어나는 세수 일부를 지자체 간 균형재원으로 활용하고, 지방교부세율 상향 등 교부세의 균형역할을 강화한다는 방침이다. 또 중앙과 지방의 기능 조정과 연계한 국고보조사업의 개편도 추진될 예정이다. 특히 '조세의 부과·징수는 반드시 국회 제정 법률로 이뤄져야 한다'는 조세법률주의가 완화될 조짐이다. 그렇게 되면 각 자치단체는 조례를 통해 과세가 가능해진다. 지역별 여건에 맞는 세목을 조례로 신설해 승인을 요청하면 정부가 타당성을 검토해 허가를 내주게 된다. 이로써 재정분권의 본질이라 할 수 있는 과세권을 확보할 수 있게 된다.

독일의 사례를 보면 기초자치단체인 게마인데(Gemeinde)

가 독자적인 조세권을 보유하고 '영업세(Gewerbesteuer)', '견세 (Hundesteuer)', '유흥장세(Vergnügungssteuer)', '낚시세(Fisch- ereisteuer)'를 제정하는 등 지역 특성에 맞는 다양한 과세항목 을 만들어 징세하고 있다.

우리나라도 현재 찬반양론으로 첨예하게 논의되고 있는 '지 방세 조례주의'를 반드시 도입하여 재정분권에 활력을 불어넣어 줄 다양한 과세재원 확보가 필요하다고 생각한다.

문재인 정부가 추진하고 있는 자치분권이라는 큰 배가 순항 하기 위해서는 '지방재정 분권'이라는 엔진이 반드시 우선적으로 해결되어야 한다. 대한민국이 고도의 중앙집권적 국정운영으로 인한 역기능을 해소하고, 지식 빅뱅으로 급변하는 세계화의 파 고를 타고 넘어 갈 수 있으려면 말이다.

지방자치 발전의 첫걸음,
공직사회 개혁

일 잘하는 공직사회를 만들려면 공정한 인사시스템을 통해 인재를 적재적소에 배치해야 한다. 친절, 청렴, 책무 등 공직자로서의 가치와 자세를 정립하는 것도 빼놓을 수 없다. 특히 청렴은 공직자의 기본 덕목이자 신뢰받는 공직사회의 첫 번째 조건이다.

지방자치가 성공하려면 지방행정의 주체인 공무원들이 제 역할을 해야 한다. 공무원들이 제 역할을 하도록 합리적인 공직문화를 만드는 것은 자치단체장의 몫이다. 또한 동기를 부여하고 효율적인 관리시스템을 구축해 업무역량을 향상시키는 것도 자치단체장의 역할이다. 공무원들의 업무역량이 향상되면 자긍심과 성취감도 덩달아 올라간다.

지방자치의 정착과 지역사회의 발전, 주민 복리 증진에 있어 공직자의 역할은 매우 중요하다.

민선 6기의 첫 번째 구정방침은 '깨끗하고 일 잘하는 지방정부 실현'이다. 공무원이 정치적 요구나 지시에 휘둘리지 않고 주어진 사명과 소명의식을 가지고 본연의 역할을 다하는 한편 공직의 가치를 높이고 보람을 누릴 수 있는 환경을 만들어 나가기 위해서였다.

그리고 부정부패 없는 청렴문화 조성을 위해 지속적으로 청렴 교육을 실시하고, 청백 e-시스템 등 각종 제도를 정비했다. 아울러 청렴콘서트, 청렴골든벨 등 참여형 청렴시책을 꾸준히 추진하여 깨끗하고 신뢰받는 공직 분위기 전환을 이끌어냈다.

뿐만 아니라 친절마인드 함양교육, 전화친절도 모니터링, 3S라인 친절 실천운동 등 친절 분위기 조성을 위한 자정노력을 통해 공직자의 기본덕목인 친절의 생활화를 실천하고 있다.

주민의 믿음과 신뢰를 회복하기 위한 공직사회의 변화와 혁신은 민선자치 시대의 가장 큰 과제이자 사명이다. 변화와 혁신을 위해서는 개혁의 중요성을 스스로 인식하고 철저한 경쟁력을 바탕으로 최상의 서비스 조직으로 거듭나야 한다.

혼히 '인사가 만사'라고 한다. 말 그대로 건전하고 효율적인 조직·인사·재정 질서의 확립을 위해 정부 정책 및 주민 행정 수요에 적극적으로 대응했다. 또한 성과 중심의 조직운영 체계를 구축하고 희망보직제, 국장인재추천제, 인사고충상담활성화 등 투명하고 공정한 인사시스템을 정착시켰다. 민간보조금 관리 강화, 주민참여예산제, 예산성과금제도 등 건전한 재정질서의 기반도 마련했다.

공직자의 창의력과 전문역량 강화에 중점을 뒀다. 으뜸공무원교육원을 자체적으로 운영하고, 전문교육기관 위탁교육도 확대했다. 넓은 시야와 비전을 가질 수 있도록 해외 등 선진학습의 기회도 대폭 넓혔다. 주니어보드, 정책학습동아리, 공직자 정책개발 연구모임 등 공직자 학습 활동을 독려했다.

때로는 이러한 변화와 새로운 시도 때문에 직원들의 고생과 어려움이 없지 않았지만, 지속적인 훈련과 노력으로 개개인의 역량이 강화되었고 조직 자체의 분위기도 안정되고 있다. 이제는 구정 로드맵을 완성할 만큼 서구 공직자들의 내부 역량이 민간 전문영역과 대등한 수준까지 향상되었다.

이를 바탕으로 분야별 중장기 계획수립 등 업무성과 관리체계를 구축하고, 온나라시스템, 인허가복합신고 관리시스템, 신바람 시스템 구축 등 조직 전체를 효율적으로 운영하는 통합시스템을 구축하였다.

활력 넘치고 신바람 나는 조직분위기 조성을 위해 멘토링제, 유연근무제, 직장어린이집 운영, 배낭하나메고 해외탐방 연수지원 등 후생복지 사업을 추진해왔다.

또한 일한 만큼 보상받는 인센티브 체계를 구축하기 위해 특별승급, 실적가점제를 확대 운영해 왔으며, 이를 바탕으로 구정 발전유공공무원 국외연수 등 일 잘하는 공직자가 우대받는 분위기를 만들어왔다.

구시대적인 관료주의 문화를 과감히 떨쳐내고 일과 가정, 일과 휴식의 균형을 잡도록 하기 위해 회의 줄이기, 초과근무 감축, 부서장 퇴근예고제, 가족사랑의 날 운영 등 여러 가지 프로그램을 구체화하고 실천해 나가고 있다.

물론 조직을 개혁하는 것은 쉽지 않은 일이다. 하지만 하루속히 일하는 조직, 유능한 조직, 깨끗한 조직으로 만들어야 한다. 그 혜택은 결국 주민들에게 돌아가고, 더불어 지역의 자치문화와 자치환경도 발전하게 된다.

다행히 우리 서구는 2014년과 비교해볼 때 조직이 재건되었다 싶을 정도로 큰 변화가 있었다. 깨끗하고 일 잘하는 지방정부로 탈바꿈하자면 공직사회가 먼저 구태 문화와 결별해야 한다.

어떤 조직을 혁신하기 위해서는 지도자가 앞장서서 개혁을 이끌거나 구성원들이 스스로 쇄신을 다짐하고 노력해야 한다. 후자의 경우는 구성원들이 스스로 그런 결정을 내리기까지 고통이 따르고 시간이 걸린다. 반면, 지도자가 미래를 내다보고 개혁을 진두지휘하면 당장은 저항이 있겠지만 조직이 단시일 내에 바뀔 수 있다.

우리 서구도 그런 케이스가 될 수 있겠다는 판단으로 조직을 정비하고 매사를 원칙에 입각하여 처리했다. 일부는 반발했지만 대다수 공무원들은 환영하는 분위기였다. 아울러 업무환경이 달라지면서 업무성과가 가시적으로 나타나자 일하는 보람을 느끼게 되었다. 업무체제를 재구축하고 공직문화를 일신하여 성과를 거두니, 단체장으로서 이보다 더 큰 기쁨이 어디 있겠는가.

주민들이
스스로 문제를 해결하는
주민자치 실현

주민자치는 주민들이 자발적·적극적으로 참여하여 지역의 문제를 직접 처리하는 것이다. 주민이 지역 운영의 주체가 되는 것이니, 무엇보다도 주민들의 참여와 관심이 중요하다. 주민자치는 민주주의 뿌리로서, 지방분권과 함께 지방자치의 양대 기둥이다.

주민자치에서 가장 작은 단위의 활동은 동네자치다. 주민들은 작은 마을 단위에서 자기 삶과 직결된 문제를 스스로 결정하고 처리해 나가게 된다. 이처럼 주민들이 '내가 동네의 주인'이라는 자치의식을 바탕으로 공동의 문제에 대처해 나갈 때 진정한 의미의 주민자치가 실현될 수 있다. 곧 주민의 자치의식과 자치역량은 지방자치의 출발점이자 목표가 된다.

뒤늦게 자치단체장으로 변신해 서구청에서 여러 일을 해 왔지만 그 중 뒤틀린 공직문화를 바로잡은 것을 가장 보람된 일로 여기고 있다. 문제는, 그러한 변화가 얼마나 지속될 수 있을 것인가이다. 우선 임기의 제한을 받는 데다 연임에 성공한다 해도 3회까지만 가능하기 때문이다. 구청장 한 사람이 공직사회를 근본적으로 변화시키기는 어려울 것이라 본다.

후임자가 나와 다른 철학을 가진 사람인 경우, 다시 옛날로 회귀할 가능성이 높다. 조직은 수장이 이끄는 대로 굴러가기 마련이다. 만약 그렇게 된다면 내가 재임하던 시절의 짧은 변화는 아무 의미 없는 것이 될까? 그렇지 않다. 주민들과 공직사회가 '임우진'이라는 사람이 정도(正道)로써 구정과 지역사회를 변화시켰었노라고 기억해 준다면 그 어느 것보다도 의미가 크다. 내가 재임하던 시기와 비교하여 구정을 비판하고 문제를 제기할 수 있는 동기가 형성될 수 있기 때문이다.

그 과정에서 가장 중요한 것이 바로 주민들의 자치의식이다. 그동안 주민주체, 주민자율을 누누이 강조하며 주민역량을 강화하고자 애써 온 까닭이다. 지방자치가 잘 되려면 분권 못지않게 중요한 것이 주민자치 역량을 기르는 것이다. 민간에서도 이에 주목하여 2000년대 초부터 공동체운동이 일어나기 시작했고,

주민자치 육성을 위한 시범기관도 여럿 등장하였다. 주민들이 자치권자로서 의식과 힘을 가져야 자치단체장이 누가 되든 수준 높은 자치가 이루어질 수 있다. 건전하고 합리적인 시민들이 자율성과 책임정신, 참여의식을 발휘하여 주권자의 역할을 다할 때 진정한 주민자치가 피어날 수 있다.

주민자치가 잘 되려면 우선 지방분권의 확립 등 제도가 잘 갖춰져 있어야 한다. 하지만 제도가 훌륭하다고 해서 꼭 자치가 잘 되는 것도 아니다. 결국 제도의 운용은 사람에 달려 있기 때문이다. 어떤 사람이 어떤 생각으로 어떻게 운영하느냐에 따라 자치는 다양한 양상을 보인다. 그래서 올바른 생각을 가진 사람이 자치를 이끌어야 한다.

성숙한 자치의식을 바탕으로 주민들이 합리적 토론을 통해 의사를 결정하고 결과에 승복하며 서로 협력해 나가면 그 지역의 자치는 잘 되게끔 되어 있다. 그리고 주민들로부터 권한을 위임 받은 단체장, 의원들과 이들을 보조하는 공무원들이 바른 의식과 역량을 갖고 일할 때 그 지역의 자치는 잘 되게끔 되어 있다. 말하자면, 주민자치의 수준은 그 지역 주민들과 단체장, 의원들의 수준과 일치할 수밖에 없다는 뜻이다. 결국 주민들과 단체장, 의원들의 자치의식과 자치역량을 함께 높여가는 노력을 기울여야 할 것이다.

또한 주민들 중에는 지역사회를 위해 조용히 헌신하고 봉사하는 이들이 상당수 있다. 건전한 양식을 지니고 성실하게 살아가는 이들이 지역발전을 위해 더 적극적으로 나서도록 해야 한다. 이들을 지역사회로 이끌어내려면 어떻게 해야 할까? 우선 이들이 지역문제를 함께 고민하고 논의할 수 있는 장(場)이 있어야 되는데 아직은 그런 공간이 충분치 않다. 평범한 시민들이 정치성향과 무관하게 부담 없이 참여할 수 있는 자리는 부족해 보인다. 이들이 모임이나 조직을 만들어 지역 이슈에 의견을 내는 등 지역 현안에 관심을 갖고 활발하게 참여한다면 주민자치의 발전에 큰 도움이 될 것이다.

한편, 은퇴한 지식인들의 전문성과 경험을 지역발전에 활용하는 방안을 고민할 필요가 있다. 우리 서구에도 광주 지역사회 여론을 이끌어가는 교양 있는 지도층이 많이 거주하고 있다. 이러한 소중한 인적 자원을 체계적으로 관리하여 이들이 지역에서 지식창고 역할을 할 수 있도록 여건을 마련해야 한다.

선진 자치환경
확보를 위한 개혁과제

우리 사회가 지금보다 투명해지고 더욱 민주적·합리적으로 운영되어야 한다는 데는 모든 국민이 동의할 것이다. 따라서 '민주주의의 학교'라 불리는 지방자치의 업그레이드가 시급하다. 주민들의 손으로 직접 자치단체장과 의원을 선출했다고 해서 저절로 자치가 이루어지지는 않는다. 또 단체장이 우수한 정책을 많이 시행한다고 해서 자치역량이 저절로 향상되지도 않는다. 자치의 품질은 우리나라가 중진국에서 선진국으로 도약할 수 있느냐 없느냐와도 직결된다.

흔히 선진문화의 요건으로 인권과 타문화 존중, 배려와 봉사, 양심과 도덕 등을 꼽는다. 민주적 질서와 사회안전망, 문화적 품격 등은 주민자치를 통해 육성된다. 선진국 대열에 진입하려면 주민자치의 질적 수준이 지금보다 높아져야 한다. 특히 지방자치를 둘러싼 환경과 문화의 개선이 시급하다.

환경과 문화는 쉽게 바뀌지 않는다. 주변 영향을 차단하기도 어렵다. 따라서 부정적 영향을 최소화하기 위한 노력이 필요하다. 그러자면 용기를 발휘해야 한다. 즉 자치단체장의 '결단'이 필요하다.

정치권에 처음 진출한 2010년경, 나는 후진적 중앙정치가 지방을 지배하는 것을 막아야 한다고 생각했다. 그러나 2014년 취임 후에는 공무원과 관변단체들을 선거에 동원하는 관행, 공무원 조직을 편 가르고 줄 세우는 문화, 선심행정 등 지역정치와 자치의 후진적 문화는 단체장의 의지만으로도 타파할 수 있었다. 지도자가 어떤 철학과 가치관을 갖고 있느냐에 따라 조직이 달라진다는 것을 새삼 실감했다.

이와 더불어 지방의회와 지역 언론, 시민사회가 건전한 비판 기능을 수행한다면 지방자치의 질적 수준을 좌우하는 자치환경과 자치문화는 지금보다 몇 단계 성숙될 것이다.

지방의회는 주민의 대의기관으로서 조례를 제정하고 집행부를 감독하는 곳이다. 원칙상 자치단체와 수평적 관계를 이뤄야 하지만 실질적으로는 그렇지 못하다. 자치단체를 견제할 자치입법권이 없고 의결권의 범위도 제한되어 있는 데다 행정감사권과 조사권도 미약하기 때문이다. 이것이 지방의회의 현실이다.

지역 언론 역시 몇 가지 문제를 안고 있다. 지방자치가 활성화되려면 언론이 지역 현안에 대한 정보를 제공하고 주민들의 판단을 도와야 한다. 또는 쟁점을 지적하고 대안을 제시하며 여론을 조성하기도 한다. 하지만 현실 속의 지역신문들은 하나같이 경영환경이 열악하여 크게 기대하기 어렵다.

시민의 정치참여를 촉진시키려면 시민단체도 더욱 활성화되어야 한다. 시민단체는 전통적으로 정부를 감시·비판하고 여론을 형성하는 역할을 해왔다. 그러나 정부의 지원을 받기 시작하면서 감시·견제 기능이 다소 약화되었다.

아무쪼록 지방의회와 지역 언론, 시민사회가 여러 문제들을 극복하고 올바른 비판·감시·자문 기능을 회복함으로써 수준 높은 지방자치를 위한 토대라고 할 수 있는 자치환경과 자치문화가 보다 튼튼해지기를 기대해본다.

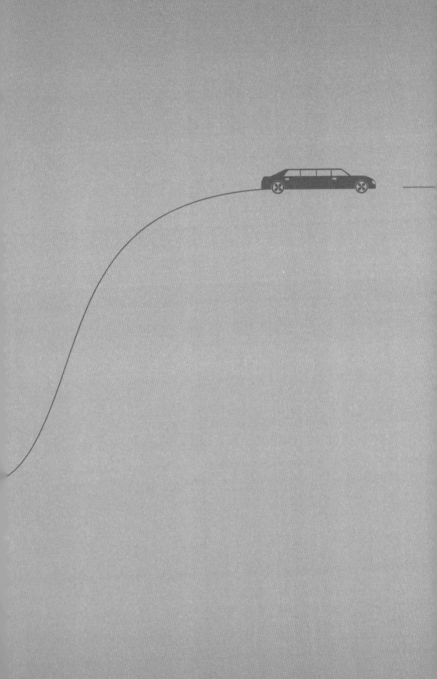

제4부

대한민국
지방자치는
진보한다

우리나라 지방자치는 여러 차례 제도적 변화를 겪으며 발전해
왔다. 하지만 여전히 과거의 '적폐'가 남아 있고, 자치의식도 미
숙한 부분이 많다. 지난 2010년 10월 서구청장 재선거에 도전했
던 것은 민선자치의 폐해와 역사의 후퇴를 보고 있을 수만은 없
었기 때문이다.

지방자치단체와 지방의회의 조직과 구성, 권한 등이 우리나라
헌법에 명시된 것은 제헌국회 시절부터다. 그리고 1995년 제2대
지방의회 선거와 제1대 지방자치단체장 선거가 함께 실시되면서
본격화되었다. 흥미로운 것은 지방자치가 중단되었던 시절에도
지방행정기구와 지방공무원 등 자치제의 형태와 골격은 명목상
유지되고 있었다는 점이다.

우여곡절 끝에 2014년 6.4 지방선거에서 서구청장에 당선되었
다. 가진 것은 없지만 정도를 지키면 행정뿐 아니라 정치에서도
성공할 수 있다는 것을 보여주고 싶었고, 다행히 주민들이 진심
을 알아준 듯하다.

'가장 깨끗하고 친절한 서구청. 가장 일 잘하는 서구청. 주민이 주인 되는 자치도시. 서로 돕는 따뜻한 복지공동체. 광주를 대표하는 도시. 미래의 꿈과 희망을 만들어가는 명품도시.' 2014년 구청장에 취임할 당시 그렸던 4년 후의 모습이다.

2018년, 새로운 자치와 분권의 시대가 도래하고 있다. 민선 7기의 출범을 앞둔 지금 다시 4년 후의 서구를 상상해본다.

'아동친화 교육 명문도시'

'주민이 진정 주인 역할하는 자치도시'

'나눔과 봉사로 더불어 사는 복지 공동체'

'진정한 민주 · 정의 · 평화도시'

'문화 · 건강 · 환경 등 삶의 질과 품격이 높은 도시'

'상생 연대의 사회적 경제도시'

'균형 있고 안전한 도시 발전' 등등.

1987,
그 후

1987년, 군사독재정부는 들불처럼 일어난 6월항쟁에 밀려 항복하고 6.29선언을 통해 대통령 직선제와 지방자치 실시를 약속했다. 그해 말 야권의 분열로 노태우가 대통령에 당선되었고, 사회 각계에서 민주화를 요구하는 시위가 일어나 극심한 사회혼란이 빚어졌다. 이 시기에 다양한 시민사회단체가 등장하기 시작했다. 이들은 환경과 경제 이슈를 중심으로 정부정책을 비판하며 대안을 제시했다.

또한 이 시기에 우리나라의 지방자치도 중대한 진전을 이루었다. 1987년 10월 29일 헌법을 개정하면서 '지방의회 구성시기를 지방자치단체의 재정자립도를 감안하여 순차적으로 구성한다'는 부칙규정을 삭제한 것이다. 이로써 즉시 지방자치를 실시할 수 있게 되었다.

1948년 제정된 헌법 97조에는 '지방자치단체에는 각각 의회를 둔다'고 명시되어 있다. 그러나 지방의회 선거는 계속 미뤄지다 1952년 전쟁 중에 처음으로 실시되었다. 1956년에는 두 번째 지방선거가 실시되었다. 하지만 1961년 5.16군사쿠데타로 헌정질서가 중단되면서 지방자치도 동면에 접어들었다. 이후 지방자치는 민주화운동의 핵심 요구사항이 되었다. 이 때문에 1979년 10.26사건 이후 민주화와 함께 지방자치에 대한 기대도 덩달아 커졌다.

그러나 '서울의 봄'은 신군부에 의해 무참히 짓밟히고 말았다. 쿠데타로 정권을 잡은 신군부는 국민적 저항을 막고 체제를 유지하기 위해 권위주의적 군사독재를 실시했다. 이로써 온 국민이 열망하던 민주화와 지방자치의 꿈은 또 다시 미뤄졌다.

전두환 정권은 1980년 10월 27일 개정헌법을 공포했다. 개정헌법에 따르면 '지방의회는 지방자치단체의 재정자립도를 감안하여 순차적으로 구성하고 그 시기는 법률로 정한다'고 규정되어 있다. 하지만 실시 시기를 못 박지 않음으로써 지방자치는 기약 없이 유보되고 말았다. 권위주의적 군사독재체제, 강력한 중앙집권체제 하에서 자율성이 중시되는 자치문화는 용인될 여지가 없었다.

다만 야권에서 줄기차게 지방자치 실시를 요구함에 따라 정부에서도 약간의 제스처를 취했다. 지방자치실시준비단을 발족시키고 공청회를 열기도 했지만 실상을 들여다보면 실망스러운 구석이 많다. 공청회의 토론자와 발언 내용을 조정하는 등 사실상 정부의 의도대로 끌고 가기 위한 요식행위에 불과했다.

　당시 시도, 시군구 등은 최일선 행정기관으로서 정부의 정책을 충실하게 시행하는 것이 최우선이었다. 시장, 도지사, 군수, 구청장 등 행정기관장들은 중앙부처의 동향을 살피고 상급 기관장의 의중을 파악하느라 바빴다.

　정부는 중앙은 물론 각 시도와 시군구, 읍면동 등 각 단위에 따라 해야 할 일을 구체적으로 지시하고 지휘했다. 심지어 식목일에 맞춰 일제히 나무를 심도록 하고, 모내기 일정까지 조정하는 등 획일적으로 관리했다.

　전국적으로 반정부 시위가 끊이지 않는 가운데 당시 정부의 가장 큰 관심사는 지역 안정과 체제 유지였다. 따라서 지방에서는 정부의 주문에 따라 지역 안정을 해치는 요소들을 관리하느라 절치부심했다. 하지만 광주는 여타 지역과 좀 달랐다. 5.18민주화운동을 폭도들의 난동으로 규정하고 광주를 불온한 지역으로 낙인찍은 정부는 공무원들에게도 의심의 눈초리를 보냈다. 시민들도 공무원을 정권의 앞잡이로 인식하고 의심의 눈길을 보내곤 했다. 정부와 시민 양쪽에서 불신을 받는 처지에 놓였지만 그래도 광주의 공무원들은 공직자로서의 본분을 다하기 위해 노력했다.

1986년 11월 1일, 전두환 정권은 5.18의 상처를 안고 살아가는 광주 시민들의 환심을 사기 위해 광주시를 직할시로 승격시켰다. 그러나 시민들의 반응은 냉랭하기만 했다. 1988년 1월에는 다시 광산군을 광주직할시로 편입시켰다. 이 역시 광주 시민들의 환심을 얻기 위한 조치였다. 그해 5월에는 전국 특별시와 직할시의 구가 독립된 자치단체로 승격되어 구자치제의 기반이 마련되었다.

생활 속에서
실천하는 5.18

오늘은 5.18민주화운동 제35주년이 되는 뜻깊은 날이다. 부당한 국가권력에 항거하며 숭고하게 희생하신 5월 영령들의 명복을 빌며, 유가족과 부상자분들께도 위로의 마음을 전한다.

우리가 5.18민주화운동을 기념하는 것은 5.18이 지향하고 증명했던 정의 · 민주 · 인권 존중의 가치를 잊지 않고 생활 속에서 실천하기 위해서다. 이러한 5.18 정신은 한말 의병활동, 학생독립운동, 4.19혁명을 통해 면면히 흐르는 우리지역의 자랑스러운 정신이다. 5.18을 전국화 · 세계화하자는 것도 이러한 정신과 가치를 알려 인류사회의 정의 · 민주 · 인권의 수준을 높이자는 것이다.

우리가 5.18을 자랑스럽게 이야기하고, 진정으로 전국화, 세계화하려면 우리 일상생활 속에서 5.18 정신을 실천해 차별성 있는 모습을 보여줄 수 있어야 한다. 이러한 일들은 대부분 지방자치 활동을 통해 구현할 수 있는 일들이다.

그러면 우리지역의 지방자치 수준이 차별성 있게 높다고 할 수 있는가? 이 같은 물음에 자신 있게 그렇다고 답할 수 없는 것 같다. 오월정신으로 우리가 극복하고 해결해야 할 문제들이 우리 주변에 아직 많이 남아 있기 때문이다.

지난해 국민권익위원회가 발표한 전국공공기관 청렴도 평가에서 광주·전남 자치단체 상당수가 최하위 수준인 4~5등급을 받아 충격을 줬다. 광주정신을 훼철하고 지역민의 자긍심에도 먹칠을 한 셈이다. 그러나 뿌리 깊게 자리한 부패의 병폐에 대한 문제를 제기하거나 이를 일소하기 위해 공직사회나 지역사회가 어떠한 시도를 했다는 말을 들어본 적이 없다.

최근 서구청에서 촉발돼 전국적인 이슈로 떠오른 공무원 성과상여금 재분배 문제에 대해서도 몇몇 언론과 단체를 제외하고는 지역사회가 별로 관심을 두지 않고 있다. 지방공무원법에 근거해 실적에 따라 상여금을 차등 지급하는 것이 공무원 성과상여금제도다. 그러나 서구청을 비롯한 이 지역 대부분의 자치단체 공무원노동조합은 개인별로 차등 지급된 상여금을 다시 거둬 똑같이 배분하는 이른바 나눠먹기를 10년 이상 계속해온 것이 현실이다.

공공부문 개혁에 정면으로 맞서는 이 같은 오랜 관행을 행정자치부가 불법행위로 규정하고 나서 광주의 명예 실추 등 각종 유·무형의 불이익이 예고된 상태다. 서구 18개 동 주민자치위원장 등 일부 주민들도 공무원이 불법행위를 계속한다면 행정단속 불복운동을 전개하겠다고 천명하는 등 파문이 확산될 조짐이다.

상황이 이런데도 인류의 보편적 가치인 정의와 민주·인권·평화 정신을 지구촌 모든 사람들과 공유한다고 자처하는 광주에서 그동안 어느 누구도 성과상여금 나눠먹기를 문제 삼지 않았다는 데에 문제의 심각성이 있다. 지금도 이러한 문제들을 고민하고 비판하며 해결할 역량을 모으지 못하고 있는 데서 이곳이 5.18의 바른 가치를 지키고 공동체에 대한 책무를 다 하려는 광주가 과연 맞는지 자괴감마저 든다.

불의에 저항하고 권리를 찾고자 했던 것이 5.18이었고 모두들 광장으로 나와 함께 머리를 맞대며 해법을 찾았던 것이 광주의 대동정신이었다. 사회적 갈등과 모순의 원인을 정확하게 꿰뚫고 가야 할 방향이 무엇인지 균형 잡힌 목소리와 행동을 보여줌으로써 보다 성숙된 사회를 만드는 것이 5.18이 우리에게 주는 교훈이며 가치다.

공동체의 일원으로서 보다 나은 사회를 만들어갈 책임이 있는 필자가 5.18이 주는 교훈을 망각한 채 살아오지는 않았는지 자성하면서 생활 속에서 사회정의를 세우기 위한 실천이 필요할 때 행동하는 양심을 보여주는 광주정신이 우리 곁에 항상 살아 숨 쉬기를 고대하는 5.18민주화운동 35주년을 맞는 아침의 단상이다.

〈무등일보〉 2015-05-18

생활 속에서 실천하는 5·18

■ 특별기고

임우진
광주시 서구청장

오늘은 5·18 민주화 운동 제35주년이 되는 뜻 깊은 날이다. 부당한 국가 권력에 항거하며 소중하게 희생하신 5월 영령들의 명복을 빌며, 유가족과 부상자분들께도 위로의 마음을 전한다.

우리가 5·18민주화운동을 기념하는 것은 5·18이 지향하고 증명했던 정의·민주·인권 존중의 가치를 잊지 않고 생활 속에서 실천하기 위해서다. 이러한 5·18정신은 한말의병활동, 학생독립운동, 4·19혁명 등을 통해 면면히 흐르는 우리지역의 자랑스러운 정신이다. 5·18을 전국화·세계화 하자는 것도 이러한 정신과 가치를 알려 인류사회의 정의·민주·인권의 수준을 높이자는 것이다.

우리가 5·18을 자랑스럽게 이야기하고, 진정으로 전국화, 세계화 하려면 우리 일상생활 속에서 5·18정신을 실천해 차별성 있는 모습을 보여줄 수 있어야 한다. 이러한 일들은 대부분 지방자치 활동을 통해 구현할 수 있는 일들이다.

그러면 우리지역의 지방자치 수준이 차별성 있게 높다고 할 수 있는가? 아쉽은 물음에 자신 있게 그렇다고 답할 수 없는 것 같다. 광주정신으로 우리가 극복하고 해결해야 할 문제들이 우리 주변에 아직 많이 남아 있기 때문이다.

지난해 국민권익위원회가 발표한 전국공공기관 청렴도 평가에서 우리 광주·전남 자치단체 상당수가 최하위 수준인 4·5등급을 받아 충격을 줬다. 광주정신을 훼철하고 지역민의 자긍심에도 먹칠을 한 셈이다. 그러나 뿌리 깊게 자리잡은 부패의 병폐에 대한 문제를 제기하거나 이를 일소하기 위해 공직사회나 지역사회가 어떠한 시도를 했다는 말을 들어 본 적이 없다.

최근 서구청에서 촉발된 전국적인 이슈로 떠오른 공무원 성과상여금 재분배 문제에 대해서도 몇몇 언론과 단체를 제외하고는 지역사회가 별로 관심을 두지 않고 있다. 지방공무원법에 근거해 실적에 따라 상여금을 차등 지급하는 것이 공무원 성과상여금제도다. 그러나 서구청을 비롯한 이 지역 대부분의 자치단체 공무원노조가 개인별로 차등 지급된 상여금을 다시 거둬 똑같이 배분하는 이른바 나눠먹기를 10년 이상 계속 해 온 것이 현실이다.

공공부문 개혁에 정면으로 맞서는 이 같은 오랜 관행을 행정자치부가 불법 행위로 규정하고 나서 광주의 병에 실추 등 각종 유·무형의 불이익이 예고된 상태다. 서구 18개 동 주민자치위원장 등 일부 주민들도 공무원이 불법 행위라면 계속하더라도 행정 단속 불복 운동을 전개하겠다고 천명하는 등 파문이 확산될 조짐이다.

상황이 이런데도 인류의 보편적 가치인 정의와 민주·인권·평등 정신을 지구촌 모든 사람들과 공유한다고 자처하는 광주에서 그 동안 어느 누구도 성과상여금 나눠먹기를 문제 삼지 않았다는 데에 문제의 심각성이 있다. 지금도 이러한 문제들을 고민하고 비판하며 해결할 역량을 모으지 못하고 있는 대서는 이곳이 5·18의 바른 가치를 지키고 공동체에 대한 책무를 다 하려는 광주가 과연 맞는지 자괴감마저 든다.

불의에 저항하고 권리를 찾고자 했던 것이 5·18이었고 모두들 광장으로 나와 함께 머리를 맞대며 해법을 찾았던 것이 광주의 대동정신이었다. 사회적 갈등과 모순의 원인을 정확하게 깨닫고 가야 할 방향이 무엇인지 균형 잡힌 목소리와 행동을 보여줌으로써 보다 성숙된 사회를 만드는 것이 5·18이 우리에게 주는 교훈이며 가치다.

공동체 일원으로서 보다 나은 사회를 만들어갈 책임이 있는 필자가 5·18이 주는 교훈을 망각한 채 살아오지는 않았는지 자성하면서 생활 속에서 사회정의를 세우기 위한 실천이 필요할 때 행동하는 양심을 보여주는 광주정신이 우리 곁에 항상 살아 숨 쉬기를 고대하는 5·18민주화운동 35주년을 맞는 아침의 단상이다.

1995,
첫 자치단체장 선출

지방자치 실시에 대한 기대가 커지는 가운데 새로운 쟁점이 나타났다. 전국적으로 동시에 전면 실시할 것인지, 광역단체 또는 기초단체부터 차례로 실시할 것인지가 문제였다. 사실 전국 동시 실시에 부담을 느낀 정부에서는 '풀뿌리자치'라는 명분하에 기초단체-광역단체 순으로 단계적 실시 방안을 꾀하던 차였다.

갑론을박, 논의가 무성했다. 그러면서 실시 시기가 몇 차례 미뤄지다 마침내 '1991년 지방의회 구성, 1995년 단체장 선거'로 확정되었다. 본격적인 자치시대의 개막을 앞두고 각 지자체는 선진자치 해외연수와 토론회 등을 통해 이에 대비했다.

드디어 1991년 기초 및 광역자치단체의회 선거가, 4년 후인 1995년에는 지방의회 및 단체장 동시 선거가 실시되었다. 이로써 지방자치가 극적으로 부활했지만, 안타깝게도 반쪽짜리 부활이었다. 지역 간 균형발전을 위한 재정제도의 개선, 국가와 지방의 역할과 기능의 재배분, 주민의 자치역량을 끌어올리기 위한 노력 등 사전 준비가 부족한 상태에서 선거로 의원과 단체장만 뽑아놓은 셈이었다.

1995년 7월 1일 민선 자치단체장들이 취임하며 자치시대가 본격 개막되었다. 이후 23년간 6차례의 전국 동시 지방선거를 치르면서 적잖은 발전이 있었다. 김영삼, 김대중, 노무현 등 개혁적 성향의 대통령들은 지방자치제의 정착을 위해 분권, 참여, 균형의 가치를 실현하고자 노력했다. 특히 김대중·노무현 정부에서는 중앙정부의 권한을 지방정부로 대폭 위임·이양하는 등 많은 노력을 기울였다. 의원들 역시 민의의 대변자라는 사명감으로 직분에 충실하고자 했고, 단체장들도 지역발전을 위해 노력했다.

관선시대에서 민선시대로 이행하면서 나타난 변화가 몇 가지 있다. 우선 행정의 기준점이 '임명권자'에서 '지역주민'으로 바뀌었다. 이에 따라 주민의 요구에 부응하고 그에 맞는 행정서비스가 우선이 되었다. 주민이 행정의 주인공이 되면서 주민참여도 늘어나고 있다. 중앙과 지방의 관계도 수직적 관계에서 수평적 관계로 나아가는 중이다.

물론 아직은 후한 점수를 주기 어렵다. 열악한 지방재정, 협소한 자치권한, 단체장과 의원들의 역량 부족, 답보 상태의 주민의식, 미약한 감시·비판 기능, 후진적인 정치문화 등 아쉬운 점이 많다. 특히 중앙정치의 후진적 문화는 다소 개선되기는 했으나 아직도 지방정치에 악영향을 끼치고 있다.

민선 3기, 4기에 접어들면서 초기에는 제법 열심히 하던 단체장들의 도덕성과 공정성이 추락하기 시작했다. 공천권을 쥐고 있는 중앙을 향해 충성경쟁을 벌이면서 나타난 현상이다. 중앙선거관리위원회의 '2000년 이후 재보궐 선거현황' 자료에 따르면 실제로 2000년 이후 부정이나 비리로 중도하차한 자치단체장과 지방의원의 수는 884명이나 된다. 민선시대에 오히려 청렴성과 도덕성이 후퇴했다는 평가가 나오는 이유다. 행정에는 서툴면서 의욕만 앞서는 단체장들이 일을 벌였다가 실패한 경우는 또 얼마나 많은가.

이 때문에 지방자치의 수준이 어느 정도 하락했지만, 다행히 주민의식과 자치문화 수준은 다소 높아지고 있다. 물론 아직 갈 길이 멀다. 선진적이고 실질적인 지방자치가 이루어지려면 더욱 많은 사회적 노력이 필요하다. 정부도 지방행정을 혁신하고 지자체 공무원들의 역량을 높이기 위한 지원을 아끼지 말아야 한다.

2018,
지방분권의 대전환

어느새 민선 7기의 출범을 눈앞에 두고 있다. 하지만 진정한 분권과 주민 자치는 아직 멀어 보인다. 그럼에도 지방자치를 활성화하기 위한 노력을 게을리하지 말아야 한다. 지방자치의 발전에는 왕도가 없다. 얻고자 하는 게 있으면 대가도 치러야 한다.

2017년 10월 문재인 대통령은 지방분권 개헌 추진과 지방분권 확대를 천명했다. 정부가 풀뿌리 민주주의의 의미와 중요성을 인식하고 지방자치의 청사진을 제시했으니 반가운 일이다. 지방분권과 균형발전은 국가의 발전을 위해서도 꼭 필요하다. 수도권과 지방이 상생하고 협력하며 지속가능한 발전을 이룰 수 있는 최고의 전략이기 때문이다. 지방이 튼튼해야 나라가 튼튼해진다.

1995년에 지방자치제가 부활되면서 수많은 인재들이 단체장으로 나섰다.

그런데 의욕적으로 출발한 단체장들은 막상 임기를 시작하면서 자율적으로 결정할 수 있는 게 별로 없다는 것을 깨달았다. 일일이 중앙정부의 승인을 받아야 하니 '지방자치'란 듣기 좋은 빈말에 불과하다는 원성이 자자했다.

그때나 지금이나 지방에 주어진 권한이 적은 것은 사실이다. 그렇다고 자치를 포기할 수는 없다. 지방에 더 많은 권한이 주어지도록 제도를 바꾸는 게 근본 처방이지만, 이는 시일이 많이 걸리는 일이다. 그러니 일단 지금의 제도 안에서 최대한 성과를 거두는 게 중요하다. 이를 위해서는 특히 단체장의 능력이 중요한데, 민선 초기에는 그런 능력을 갖추지 못한 이들이 많았다. 권한이 없다는 핑계로 단체장의 본분에 소홀한 경우도 많았다.

이 때문에 민선 초기 10년 동안은 중앙과 지방의 권한 배분이 중요한 이슈였다. 행자부의 승인권 폐지 등 자치권 확대를 위한 논의도 제법 있었다. 김대중·노무현 정부 시절에는 실제로 분권을 위한 노력이 많이 이루어졌다. 하지만 결과적으로는 이전에 비해 크게 달라진 게 없었다. 그래서 초기에는 중앙에서 이양·위임되는 사무들이 실속 없고 지엽적인 사무뿐이라며 거부하는 경우도 있었다.

현재 권한의 비율은 중앙 대 지방이 7:3 정도로 볼 수 있다. 지방자치가 제대로 이루어지기에는 턱없이 부족하다. 그럼에도 이런 비율이 유지되어 온 까닭은 무엇일까?

우선 권한을 계속 확대하고자 하는 중앙정부의 속성 때문이다. 여기서 '중앙정부'란 정권 그 자체일 수도 있고 행정부일 수도 있다. 혹은 중앙관료들일 수도 있다. 그 어떤 경우든 마찬가지다. 중앙정부가 스스로 지방에 대한 통제권을 줄이려는 경우는 거의 없다. 통제권은 인사 및 재정과 직결되기 때문이다.

예를 들어 부처 간 업무 관할을 둘러싼 갈등이 일어날 때, 지방에서는 서로 떠넘기기 바쁘지만 중앙에서는 반대로 서로 맡으려고 난리다. 그만큼 부처의 예산과 인력이 늘어나기 때문이다. 또 중앙 관료들은 지방의 과제보다 국가적 과제를 우선하기 마련이다.

이러저러한 이유로 분권 문제는 내내 중요한 이슈였으나 논의만 무성할 뿐 별 소득이 없었다. 진정한 지방분권은 지방자치에 대한 전향적 철학을 가진 중앙권력이 있어야 이루어질 수 있다. 중앙권력과 지방권력은 서로 충돌할 수밖에 없기 때문이다.

2018년 지방선거와 함께 개헌 투표가 이루어질 가능성이 높아졌다. '개헌'이라고 하면 주로 대통령의 권한 축소와 권력구조 개편이 논의되었지만, 이제는 그에 못잖게 지방 분권도 중요한 이슈가 되었다. 어쩌면 분권 개헌이 권력 개헌보다 국가의 장래에 미치는 영향이 더 크고 심대하다.

지방분권이 헌법에 명시되고 실질적인 권한 이양이 이루어지면 연방제에 버금가는 지방분권시스템이 만들어질 것이다. 이와 함께 주민자치가 발전하면 자치분권의 효과는 극대화된다. 지방자치 본래의 취지대로 진정한 참여민주주의가 완성되는 셈이다. 하지만 인간이 완벽한 존재가 아닌 이상 제도에 '완성'이란 있을 수 없다. 어떤 제도든 허점은 있기 마련이다. 그러므로 이상적인 제도를 꿈꾸는 것 못지않게 부단히 현실을 개선해 나가는 태도도 필요하다.

2018년 개헌을 통해 지방자치가 한 단계 업그레이드되기를 진심으로 기원한다.

에필로그

지방정부
시대를 열자

지방분권형 개헌을 위한 논의가 무르익고 있다. 정부가 발표한 지방자치 발전 로드맵에 따르면 앞으로 지방자치단체의 권한이 대폭 확대될 전망이다. 자치입법권·자치행정권·자치재정권·자치조직권의 4대 지방자치권이 헌법에 명문화된다. 아울러 '지방자치단체' 대신 '지방정부'가 공식 용어로 사용된다. 또한 중앙권한의 지방 이양을 추진하기 위해 지방이양일괄법도 제정된다.

자치의식과 자치역량, 자치환경이 모두 성숙되어 본격적인 자치분권시대가 도래했을 때의 사회를 머릿속에 그려본다.

주민들은 행정의 주체로서 전문가들의 의견을 경청하며 합리적·효율적으로 의사결정을 내린다. 아울러 의원과 단체장 등 대리인들에 대한 통제와 감시도 적절히 이루어진다.

주민 다수가 원하는 일을 합리적으로 처리해 나가는 선진사회의 면모가 아닌가.

잠시 지방자치 모범국가들의 면모를 간략히 살펴보자.

연방제국가인 미국은 국방과 외교를 제외한 거의 전권을 주정부에서 행사한다. 주정부 역시 다양한 권한을 지방정부에 넘겨주고 있다. 영국은 지방자치의 모태라 할 수 있다. 하지만 보조금 지출이나 지방예산 상한제 실시 등 중앙집권적 경향이 강하게 남아 있다. 1982년에야 지방자치를 실시한 프랑스는 지방자치의 역사가 짧은 대신 헌법 제1조에 지방분권을 명시해놓을 정도로 분권이 활발하다. 중앙은 지방에 대한 지도감독권 없이 예산의 통제와 행정의 적법성 심사만 담당한다.

200년 이상의 자치 역사를 지닌 독일은 지방자치가 가장 이상적으로 실현되고 있다. 헌법상 주정부의 행정은 국가행정과 동일하다. 강력한 분권주의 아래 정당도 지역정당 중심으로 발전해왔다. 일본 역시 지방자치 강국에 속한다. 1946년에 제정된 평화헌법에 따라 지방자치가 실시되었으니 아시아권에서는 자치의 역사가 매우 긴 편이다. 지방자치단체들은 외교와 안보를 제외한 내정 업무 일체를 관장한다.

지방자치는 주민들이 각 지방의 특성과 여건에 맞게 '스스로 다스림'을 의미한다. 지방자치가 제대로 운영되고 주민이 실질적인 주인 역할을 할 수 있으려면 주민들의 자치의식과 자치역량이 지금보다 강화되어야 한다. 그러나 우리나라의 지방자치 환경은 지금 특별한 상황에 놓여 있다. 사회구조가 다원화되는 가운데 저성장과 양극화, 저출산과 고령화가 동시다발적으로 진행되고 있다. 난마처럼 얽힌 이 문제들을 풀려면 공유 공간을 일구고 사람들의 관계망을 되살려야 한다. 즉 마을공동체의 회복이 바로 해법이다. 마을공동체를 중심으로 주민 참여가 활성화되면 주민들 스스로 마을 일을 결정하고 추진하면서 지역발전을 이끌어 수 있다.

　광주 서구는 민선 6기 출범 이후 단체장의 역량 안에서 운용 가능한 변수들을 중심으로 개혁을 추진해왔다. 그리고 애초 계획의 70% 정도는 달성했다고 생각한다. 나머지 30%를 완수하여 100%에 도달하려면 어떻게 해야 하는가. 아니, 무엇이 어떻게 달라져야 하는가.

　앞서 여러 차례 강조했듯이 우선, 지방분권이 확실하게 이루어져야 한다. 마침 현 정부가 분권 확대 의지를 밝힌 만큼 우선 정부 정책의 이행을 철저히 모니터링 할 필요가 있다. 물론 지방정부들도 분권 확대로 주어질 권한을 충실하게 합리적으로 행사할 수 있는 태세를 갖춰야 한다. 그러자면 먼저 주민들의 자치의식과 자치역량을 지금보다 한 단계 끌어올리는 것이 중요하다.
　이와 더불어 정치가 달라져야 한다. 중앙정치와 지방정치, 모두 변화가 필요하다. 무엇보다도 건전하고 합리적인 정치풍토가 조성되고 주민들의 정치참여가 생활화될 수 있는 방향으로 바뀌어야 한다. 특히 지방정치는 제도의 변경을 다각도로 고민할 필요가 있다. 현재는 의회와 집행부가 대립적 관계를 이루고 있지만 내각제와 같은 자치구조도 시도해봄직하다. 아직은 시기상조일지 모르지만 각 지역 실정에 맞는 정치체제를 다양화할 필요가 있다.

선거구 개편도 중점 검토 사항이다. 지역이기주의에 휘둘리지 않고 대국적인 입장에서 지도력을 발휘하는 후보, 정의롭고 유능하고 신뢰받는 후보가 선출될 수 있는 선거구제가 조속히 도입되어야 한다.

SNS의 활성화, 디지털 퍼블리싱의 발전 등 달라진 언론환경에 맞춰 주민들과의 소통 방식도 달라져야 한다. 신문, 방송 등 기존 언론의 사회적 영향력은 점점 줄어들고 있다. 이런 추세에 발맞춰 주민들과 직접 소통을 강화하고 대면 접촉의 기회를 늘려야 한다.

또, 서로 관점이 다르고 입장 차가 있더라도 합리적인 대화로 문제를 해결해가는 사회풍토가 조성되어야 한다.

지방분권 개헌은 더 이상 미룰 수 없는 지상 과제다. 주민이 주인이 되는 진정한 지방자치 실현을 위해 민주주의와 자율성이 살아 숨 쉬는 자치분권의 새 시대를 열어가자.

임우진이
걸어온 길

1장　독학으로
이룬
성취

시골 학생,
도시 학생

"오메. 인자 그만허고, 잠 좀 자야. 뭔 애기가 책을 저라고
(저렇게) 좋아하까잉. 징하구만."

모두가 힘들었던 60년대. 고향 장성 진원면은 전기도 안 들
어오는 깡촌이었다. 지금에야 광주가 코앞이라 시골 느낌이 덜
하지만, 당시는 그랬다.

8남매의 맏이였던 나는 동네에서 소문난 공부벌레였다. 드라
마 '아들과 딸' 속 귀남이처럼 곱게 자랐을 것 같다는 소리를 듣
곤 하나, 사실 늘 바쁜 부모님을 대신해 없는 가정 형편에 동생
들 뒤치다꺼리하느라 귀남이는 커녕 후남이 캐릭터에 가까웠다.

아버지는 평생을 초등학교(당시는 국민학교) 교사로 지내셨다. '성실'과 '부지런' 빼면 남는 게 없는 분이었다. 문중 종친회장이나 마을이장 등을 맡아 봉사하시면서 가정보다 대외활동이 먼저였다. 자연스레 농사일은 어머니의 몫이었다. 어린 눈에는 늘 밖으로 도는 아버지가 미웠다. 아버지보다 어머니가 더 고생하시는 것 같아 원망스럽고 섭섭했다. 하지만 커 가면서 아버지를 이해하게 됐다.

넉넉지 않은 가정환경 속에서 오로지 유일한 즐거움은 공부였다. 호롱불 켜놓고 책 읽는 밤을 하루 중 제일 기다렸다. 공부를 할 때 가장 마음이 편하기도 했다. 초등학교 6년 내내 1등을 놓치지 않았다. 공부 꽤나 한다는 친구들이 그러했듯 중학교 진학을 앞두곤 당시 명문으로 꼽히던 광주서중학교를 목표로 삼았다. 주위 어른들의 기대에 부응하기 위해서라도 열심히 공부했다. 하지만 그런 노력에도 불구하고 입시에 떨어지고 말았다.

후기였던 광주동중학교(지금의 북성중학교)에 진학하면서 생활에 큰 변화가 찾아왔다. 광주상고에 다니던 사촌형과 광주에서 자취를 하면서 모든 것을 혼자 해결해야 했기 때문이다. 무엇보다 힘들었던 것은 공부에 대한 중압감이었다. 시골 출신이던 나는 도시 학생들과 실력 차가 많이 나지 않을까 하는 걱정으로 밤잠을 설치기도 했다. 도시 학생들에게 뒤지지 않으려고 열심히 공부한 결과, 입학 후 첫 시험에서 전체 공동 1등을 했다. 첫 시험에서 자신감을 되찾은 나는 졸업할 때까지 건강을 잃는 등 우여곡절을 겪었지만, 성적은 상위권을 유지했다.

지금 생각해보면 내성적인 성격에 말주변도 없고 다양한 활동보다는 공부에 흥미를 느꼈던 캐릭터라, 많은 친구를 사귀지 못한 것이 아쉽다. 그래도 사촌형과 함께 어린 나이에 광주에서 자취를 하며 보낸 3년은 여러 가지 면에서 나를 성숙하게 만들어 준 시간이었다.

졸업을 앞두고 진로를 결정할 때가 되었다. 같은 구내의 광주고등학교로 무시험으로 진학하게 되었으나 집안 형편은 더 나빠져 있었다. 어떻게든 고등학교에 진학할 것인지, 아니면 이대로 포기할지, 열일곱 살이 된 나는 일생일대의 큰 갈림길에 섰다. 어렵게 학교를 다니느니 차라리 혼자서 공부하는 것이 낫겠다고 생각했다. 그러나 부모님께서는 진학을 포기하려는 큰아들을 매우 걱정하시면서 진학을 하도록 권하셨다.

"엄니. 제가 알아서 할랑께 넘 걱정허들 마세요."

독학에 대한 뜻이 워낙 강경하자 부모님께서도 동의하지 않을 수 없었다.

고졸 검정고시에서
행정고시까지

중학교 졸업 직후인 1970년 3월부터 검정고시를 준비했다. 학원은커녕 책 살 돈도 넉넉지 않았다. 집에서 겨우 보내주신 돈 몇푼을 모아 헌책방에서 교재를 샀다. 어려서부터 혼자 조용히 공부하는 습관을 들여서인지 공부하는 시간만큼은 힘이 들지 않았다. 장래희망이었던 '의사'가 되고 싶어 고교 과정에서 이과를 선택하기로 했다. 하지만 수학은 혼자 공부하기에 벅찬 과목이었다. 중학 수학은 뒤지지 않고 꽤 잘한 편이었는데, 고교 수학은 도저히 넘을 수 없는 벽처럼 다가왔다. 할 수 없이 문과로 진로를 바꾸었다.

독학생활 6개월 만인 8월에 검정고시를 치러 9과목 중 7과목에 합격했다. 6개월 만에 이 정도의 결과를 냈다는 것에 자신감을 얻었다. 그리고 다음 해 시험에서 전 과목에 합격해 고교 졸업 학력을 인정받았다.

이제 다음 단계를 준비해야 했다. 대학 진학을 위한 공부를 시작하려니 다시 고민이 시작되었다. 집안 형편이 발목을 잡았다. 고교 진학을 포기했을 때와 달라진 것이 거의 없었다. 돈 때문에 가고 싶은 학교에 가지 못하게 되는 일이 반복되자 큰 스트레스를 받았다.

마침 우연히 사법고시를 준비하는 사촌형의 책을 보게 되었다. 열심히 공부하면 충분히 합격할 수 있겠다는 생각이 들었다. 당시에는 대학을 안 나왔어도 사법행정요원 예비시험을 통과하면 사법고시에 응시할 수 있었다. 몇 날 며칠을 고민하다가 대학 진학도 포기하기로 했다. 사법행정요원 예비시험을 거쳐 사법고시를 보기로 마음먹었다. 혼자 독하게 공부해서 검정고시도 해냈다는 자신감이 있었다.

각오를 다지고 공부를 시작한지 얼마 지나지 않아 사법행정요원 예비시험제도가 폐지된다는 소식이 들렸다. 온 몸에 힘이 쭉 빠졌다. 세상살이가 어쩜 이렇게 힘이 드는지 철부지 10대에게 세상은 너무 가혹했다. 이제 더 이상 선택권은 없었다. 대학 진학을 준비하는 수밖에.

어느 대학교에 갈 것이냐를 두고 다시 고민에 빠졌다. 좀더 준비해서 서울대에 가고 싶었다. 그동안 독학으로 공부했으니 대학 공부만큼은 제일 좋은 곳에 가서 그동안 뒤떨어진 내 위상을 되찾고 싶었다. 그러나 혼자서만은 어려웠다. 더 깊이 있게 공부하려면 종합학원에 다녀야 했다. 하지만 이번에도 돈이 문제였다. 등록금과 수업료 부담에 서울 생활비까지. 돈 이야기를 꺼내면 깊은 한숨부터 내쉴 부모님을 떠올리니 눈앞이 캄캄했다. 어쩔 수 없이 집에서 가까운 전남대학교 법학과를 선택했다.

대학 입학과 함께 독학시절이 끝났다. 어려운 환경에서도 포기하지 않고 대학에 진학했다는 것만으로도 스스로 뿌듯했다. 그러나 고교시절의 추억, 친구들과의 우정을 포기해야 했던 것에는 아쉬움이 크다. 3년간 독학하는 과정에서 스스로 마음가짐을 다지는 훈련이 되었던 것은 다행으로 여긴다.

대학에 입학한 해가 1973년이니, 유신 선포 1년 후였다. 학생들은 독재정권에 맞서 꿋꿋이 저항했다. 나 역시 같은 뜻이었기에 함께 행동했다. 하지만 그 와중에도 학비와 생활비를 벌기 위해 아르바이트를 해야 했다. 마침 입학한 지 얼마 지나지 않아 법대에 계시던 이방기 교수님과 귀한 인연을 맺었다. 교수님 댁에서 중학생이던 자녀를 돌보며 함께 생활하게 된 것이다. 교수님 댁에서 대학과 대학원을 졸업하고 행정고시 준비까지 했으니 무려 6년을 함께 지낸 셈이다. 교수님은 나를 한 가족으로 여기셨다. 사모님도 다정하게 대해 주셨고 아이들도 나를 잘 따랐다. 사회에 나가 공직생활을 하면서도 꾸준히 인연을 이어 나가고 있다. 교수님은 안타깝게도 2007년 병환으로 별세하셨다. 벌써 10년이 넘었다. 교수님은 은사이자 인생선배이자 내게 큰 가르침을 주신 멘토이기도 했다.

법학도로서 사법고시를 목표로 준비를 시작했다. 법조계에 종사하며 현장 경험을 쌓은 후 대학으로 돌아와 교수가 되고 싶었다. 하지만 2학년이 되니, 생각이 달라졌다. 국가 정책을 입안하고 집행하는 행정가에 더욱 큰 매력을 느꼈다. 4학년이 끝날 즈음 행정고시 1차에 합격했고, 고시 최종 합격은 대학 입학 후 6년 만이었다(제22회 행정고시).

2장 공직에
바친
열정과 헌신

임우진의
네 가지 행정정신

고시 합격 후 첫 두달은 대전 중앙공무원교육원에서 교육을 받았다. 이후 장성군 · 여수시, 교육부 · 보건사회부, 다시 중앙공무원교육원에서 수습기간을 보냈다. 대학과 책에서 익힌 지식을 현장에 적용하고, 또 동료들과 함께 지내는 것 자체가 재미있었다. 1년에 걸친 교육, 수습기간이 순간에 지나갔다.

수습기간이 끝난 후 희망 부처를 조사할 때 내무부를 희망했다. 전체 250명 중 31등이라는 비교적 우수한 성적 덕분에 희망부서 배치가 가능했다. 1980년 5월, 2명의 동기와 함께 전라남도청에 배치되었고, 그해 7월 24일 서른이 다 된 나이로 입대해 1982년 10월 하순에 전역했다.

전역하고 전남도청에 복직한 후 드디어 공무원으로서 첫 업무가 주어졌다. 처음 만들어진 도지사 직속 민원실에서 민원상담관으로서 민원을 접수받아 처리하는 일이었다. 1983년 5월에는 정식으로 보직을 받아 자연보호계장으로 취임했다. 2년간 자연보호계장으로 일하다 1985년 5월 지방과 지도계장으로 옮겼다. 지방과는 도청의 핵심 부서다. 나는 지도계장으로서 민원행정, 공무원들의 교육행정, 주민등록관리행정, 행정관리개선 업무, 지방자치제도 업무 등을 담당했다. 당시 지방자치제 실시에 대비한 연구와 의견 수렴, 공청회 개최 등을 지도계가 주관했다. 지방과 지도계장은 행정관리 업무를 체계적으로 배울 수 있는 소중한 자리였다.

공무에 익숙해지면서 일하는 법을 터득했다. 상관과 동료들로부터도 점점 능력을 인정받았다. 물론 인정받는다는 것은 기쁜 일이지만 그에 비례해 할 일도 쌓여 갔다. 주말에도 쉬지 못했고 일주일에 한두 번은 철야근무를 해야 했다. 몸은 힘들었지만 공직자로서의 열정과 사명감, 자긍심으로 버텼다.

1986년 11월 1일자로 광주시가 직할시로 승격되면서 공직인생에 큰 변화의 계기가 있었다. 농촌 출신이라 농촌행정에 대해서는 자신이 있었지만 도시행정에 대해서는 잘 알지 못했다. 도시행정을 접해 보고 싶어 광주직할시추진준비단에 지원했다. 광주직할시 초대 시장인 김양배 시장은 의욕적으로 도시개발을 대대적으로 추진했다. 광주를 변화시키기 위한 노력이었다. 개발사업이 급속도로 진행되었다. 고속터미널 이전, 동물원 이전, 광천공단 이전, 순환도로 개설, 도심부 철로 이설, 금남로 지하상가 건설, 상무대 이전 사업 등의 대형 사업들이 시행되었다.

당시 도시계획과장으로서 광주를 직할시답게, 새롭게 만들고자 애썼다. 도시계획과에서 추진하는 일은 각오했던 것보다 무척 까다롭고 어려웠다. 특히 경제적 이해관계가 걸려 있고, 엄청난 수익이 발생할 수 있는 일이었다. 때문에 투자 정보를 얻기 위해 접근하는 사람도 많았고, 나 역시 마음이 흔들릴 뻔한 순간이 있었다. 하지만 공직자로서의 본분을 망각하고 이익을 따라 움직인 적은 한 번도 없었다. 그건 스스로 용납할 수 없었다. 중립적 입장에서 공익에 기반을 둔 행정을 펼치는 것이 공무원의 소임이기 때문이다. 도시개발은 분명 힘든 일이었지만 그만큼 보람도 컸다.

공직생활을 하면서 스스로 정한 네 가지 행정정신을 바탕으로 삼았다. 정도행정, 최고행정, 개혁행정, 소통행정이다. 바른 행정을 펼치는 것이 정도행정이며, 높은 질적 수준을 확보하는 것이 곧 최고행정이다. 시대 변화에 맞는 새로운 제도와 방법을 도입하는 것이 개혁행정이다. 주민의 뜻을 바탕으로 하고, 행정과정의 저항을 극복하는 개혁행정을 하다 보면 저항이 따르는데 그럴 때 필요한 것이 바로 소통행정이다. 네 가지는 서로 다른 것 같지만 긴밀하게 연결되어 있다. 네 가지 정신을 기본으로 삼으니 일도 어렵지 않았고 공직생활도 힘들지 않게 맡은 바 직무를 원활히 수행할 수 있었다.

1988년 봄에 시정과장으로 보직을 옮겼다. 이때가 30여년 공직생활을 통틀어 가장 힘들었던 때다. 당시는 6.29선언 이후 사회 각계의 민주화 요구가 봇물처럼 터져 나오면서 시국이 늘 어수선했다. 또한 5.18민주화운동 청문회가 열리면서 이와 관련하여 지역민들의 요구가 비등하였다. 광주시민들은 매일 민주화를 요구하며 시위를 벌였다.

특히 조선대생 이철규 사망 사건과 전남대생 박승희 분신 사건으로 민심이 격앙되어 있었다. 시정과장으로서 나는 매일 지역 동향과 시위 동향을 파악하고 특이사항이 있으면 바로 시장에게 보고해야 했다. 시위는 매일 새벽까지 계속되었다. 직무상 시위 군중을 감시해야 했지만 나 역시 민주화를 바라고 불의에 저항하고자 하는 한 사람의 시민이었다. 그러한 심적 부담으로 괴로웠지만 또 직무를 소홀히 할 수는 없었다. 육체적으로 정신적으로 점점 감당하기 어려워졌고, 결국 시장에게 보직 변경을 요청할 수밖에 없었다.

요직을 거치며
인정받기까지

    이후 공무원교육원 교수부장을 거쳐 종합건설본부 총무부장, 공무원교육원장, 민방위국장, 환경녹지국장 등 여러 부서를 옮겨 다니며 중견간부로 일했다. 민선자치시대가 열리기 전에 관선 광산구청장으로 일하기도 했다. 덕분에 행정 전반에 대한 감각을 익히고 공무원 업무를 전체적으로 조망할 수 있었다.

    공무원교육원 교수부장으로 재직했던 2년은 교육과정을 다시 설계하고 교육프로그램의 수준을 전반적으로 향상시키는 데 중점을 두었다. 또한 교육받을 기회가 없었던 3,000여 명의 지역민들에게 특별교육을 실시했다. 개인적으로는 공무원이 되고 난 후 처음으로 여유를 누릴 수 있었던 시기이기도 했다. 건강도 돌보고 운전면허도 취득하고, 행정대학원에도 진학해 부족한 공부를 보충할 수 있었다.

이후 종합건설본부 총무부장으로 자리를 옮겼다. 종합건설본부는 시 본청에서 각 과별로 시행하던 공사들을 종합적으로 관리할 목적으로 만든 신설조직이었다. 초대 총무부장으로서 종합건설본부의 발족부터 운영에 이르기까지 모든 업무를 총괄했다.

이후엔 공무원교육원장으로 1년 동안 근무했다. 공무원교육원은 공무원에게 교육서비스를 제공하는 기관이다. 그러자면 무엇보다도 고품질의 교육서비스 제공이 중요하며 이를 위해서는 교육계획의 수립, 교육과정의 운영, 평가관리, 서비스정신 등에서 두루 혁신이 필요하다고 판단했다. 따라서 직원들의 전문성 향상에 중점을 두고 공무원교육원의 체질 개선에 노력했다. 단위기관장으로서 소신껏 일할 수 있는 좋은 기회였다. 이러한 노력 덕분에 1993년 5월 총무처 주관 전국 40여개 공무원교육기관 평가에서 최고상인 대통령상 수상하는 영광도 안았다.

'소통'의 중요성을 절실히 깨닫고, 그 능력을 발휘한 것은 1994년 환경녹지국장을 맡았을 때였다. 환경 관련 업무 수행에 가장 중요한 부분도 바로 환경 관련 시민단체들과의 소통이었다. 당시는 환경운동이 재야시민단체 중심으로 이루어지고 있어 행정기관에 불신이 깊었던 시민단체와 갈등이 빚어지곤 했다. 환경 관련 시민단체들과 간담회를 정기적으로 갖고 현안을 협의하는 등 시민단체를 환경행정의 파트너로 삼았다.

광산구청장으로 재임하던 시절은 민선자치 출범을 앞둔 시기였다. 매일 아침 1시간씩 자전거를 타고 지역을 돌며 주민들의 소리를 듣기 위해 노력했다. 전국에서 최초로 하자민원보상제를 실시한 것도 노력의 일환이었다. 또한 민선자치시대를 대비해 광산구의 발전을 위한 장기발전계획과 재정확충방안을 연구하도록 했다. 재임 중 행정가로서의 소신을 펼치며 구정에 최선을 다했다. 그 결과, 광주시의 역점 시책 추진에 대한 평가 때마다 전체 구청 중에서 1위를 차지할 수 있었다.

중앙정부에서
뜻을 펼치다

드디어 민선자치시대가 열렸다. 나는 내무부(현 행정자치부) 근무를 희망했지만 민선 구청장으로 당선된 남구청장과 북구청장이 부구청장을 맡아줄 것을 부탁했다. 특히 북구청의 김태홍 구청장은 집요하다 싶을 정도였다. 양쪽의 부탁에 이러지도 저러지도 못하던 중에, 결국 당시 송원종 시장의 조정으로 북구청으로 가게 되었다. 마침 민선자치시대 들어 부구청장이 부이사관으로 격상되어 직급상 문제는 없었다.

김태홍 구청장은 개혁주의 성향이 뚜렷한 사람이었다. 부구청장으로서 구청장의 혁신정책이 실현될 수 있도록 충실히 보좌했다. 그로 인해 구정혁신시책에서 전국적인 주목을 받았고, 일본 NHK 등 각종 TV프로그램에 소개되기도 했다.

1년 후 북구청을 떠나 시청으로 복귀했다. 도시계획국장으로 무등산자연공원 보전과 이용에 관한 종합계획 수립, 광주호 주변 관광개발계획 변경 등 다양한 업무를 수행했다.

이어서 세정, 회계, 경영사업 분야를 담당하는 재정경영국장에 임명되었다. 대형 공사 등 각종 계약 업무를 담당하면서 투명하고 합리적으로 처리하기 위해 각별히 노력했다. 다행히 광주월드컵경기장 공사, 시청 신청사 공사 등의 대형 공사들을 단 한 건도 잡음 없이 진행할 수 있었다. 업계에서도 나의 엄격하고 공정한 업무처리 방식을 높이 평가해 주었다고 생각한다.

또한 체육시설관리공단과 교통시설관리공단을 통합하여 경영개선을 도모했다. 성공적인 구조조정으로 행정자치부의 공사 공단 경영 평가에서 우수상을 받았다. 한편 시청사 신축 사업의 계약부터 착공, 관리에 이르기까지 제반 업무도 3년간 담당했다. 공사비가 1,500억 원에 달하는 대형 공사였다. 2004년 3월 준공된 시청사는 그해 대한민국 건축상 최고상을 수상했다.

1998년 7월 민선 2기 시작 후 시정지원국장(1년 후 명칭이 자치행정국장으로 변경됨)으로 자리를 옮겼다. 시정지원국장은 시청의 요직이다. 재임 기간 2년 6개월 동안 서무, 인사, 회계, 시설

관리, 국정추진, 구정 지도, 민원, 교육, 고시, 비상대비 기능 등의 핵심 업무를 담당했다.

이후에는 18개월 동안 기획관리실장으로서 시정의 기획과 조정, 재정, 세정, 법무 관련 업무를 담당했다. 특히 지방선거 기간과 이어지는 시장 교체를 앞두고 시정의 안정적 운영을 위해 최선을 다했다. 민선 3기가 순조롭게 출범할 수 있도록 시정을 관리했다.

2002년 민선 3기가 출범하면서 8월 14일자로 광주광역시에서 행정자치부로 자리를 옮겼다. 지방공무원이라면 한번쯤 중앙정부에서 일해 보고 싶다는 생각을 갖기 마련이다. 나 역시 마찬가지였다. 20개월 동안 행정자치부 지방자치단체 국제화재단에서 일하며 개혁 대상으로 꼽히던 정부산하기관과 공기업 정책을 이해하고 평가할 수 있었다. 개인적으로는 서울생활이 처음이라 적응하는 시기이기도 했다.

이후 국가전문행정연수원 기획지원부장으로 1년쯤 근무 후 중앙공무원교육원 제13기 고위정책 과정을 이수했다. 1년간의 교육과정은 개인적으로 재충전하는 매우 유익한 시간이었다. 특히 교육운영 전반에 걸쳐 보고 느낀 문제점과 개선 방안을 보고서로 작성해 교육 수료 후 당시 박명재 원장에게 제출하여 개선

토록 제안했다. 평소에 공무원교육에 관심이 많았기 때문에 할 수 있는 일이었다.

　중앙공무원교육원 교육을 마치고서 지방행정본부의 지방행정혁신관에 임명되었다. 참여정부의 핵심 이념인 분권과 혁신을 추진하기 위해 신설된 국장급 보직이었다. 드디어 중앙부처 핵심 보직에서 일할 기회가 온 것이다. 지방행정혁신관으로 7개월 동안 근무하며 모든 것들을 새로 만들고 제도화했다. 업무량이 엄청났지만 도전정신과 사명감으로 돌파해 나갔다. 지방행정 전반에 걸쳐 합리적으로 재정비하고 평가체제와 성과관리제 추진에 필요한 다양한 지식과 경험을 얻을 수 있었던 것이 큰 소득이었다.

다시 광주로, 그리고
다시 행자부로

　중앙의 핵심 보직에서 신바람나게 일하고 있던 2006년, 광주광역시 행정부시장을 맡아보면 어떻겠냐는 제안이 들어왔다. 지방행정혁신 업무에 심취해 있었고 중앙정부에서 뜻을 더 펼쳐보고 싶다는 생각에 거절했다. 그러나 내 뜻과 무관하게 그해 8월경 광주로 오게 되었다.

　민선 4기 박광태 시장이 취임한 직후여서 선거 등을 신경 쓰지 않고 행정부시장의 역할을 충실히 수행할 수 있었다. 행정자치부에서 근무할 때 추진했던 지방행정 혁신 경험과 타 자치단체들의 사례를 참고하여 시정 혁신을 꾀했다. 당시 광주광역시에서 내세운 슬로건은 '1등 광주 건설'이었다. '1등 광주 건설'의 기반을 구축하기 위해 투명성과 효율성, 전문성과 시민 만족, 신나는 직장 등 조직문화 혁신을 위한 5대 과제 실천에 주력했다. 중앙에서 경험한 성과관리제도를 시정에 도입하기도 했는데, 지방관리시스템에 성과관리제도를 도입한 것으로는 국내 최초였다. 2007년 전국체육대회의 성공적 개최, 효율적인 대중교통서비스체계 확립, 광주발전연구원의 설립, 전자계약과 전자입찰제 시행, 광주비엔날레재단의 관리체계 및 구조 개혁 등을 완수했다.

2008년 2월 25일 이명박 정부가 들어섰다. 대통령이 취임하기 전 2월 중순 어느날, 중앙에서 함께 일하자는 요청을 받고 1년 6개월 동안 근무했던 광주를 떠나 그해 3월 초 다시 행정자치부로 가게 되었다. 광주에서 추진했던 과제들을 마무리하지 못하고 떠나는 아쉬움이 컸지만 중앙정부로부터 능력과 성실성을 인정받았다는 증거여서 흐뭇하기도 했다.

이후 행정안전부 정보화정책실장, 지방행정연수원장, 한국자치경영평가원 이사장 등 주요 직책을 두루 거쳤다. 행정안전부 정보화전략실장으로 재임 중에는 기존의 국가정보화 정책을 완전히 재정비했다. 정보화에 관련된 법도 전부 개정하거나 새로 제정했고 국가정보화 기본체계의 골격도 다시 수립했다.

그 후 국가정보화 재정립이라는 과제에 묻혀 생각지도 못했던 지방행정연수원장으로 가게 되자 퇴직을 앞둔 간부들이 주로 가는 한직이라 내심 서운했다. 하지만 곧 마음을 고쳐먹었다. 임기 2년 동안 지방행정연수원을 세계 최고의 공무원교육기관으로 탈바꿈시키겠다고 생각했다. 다른 사람들은 편하게 자리나 지키다 갔을지 몰라도 공직생활의 마지막을 무의미하게 보내고 싶지 않았다.

30만 지방공무원의 교육중심기관인 지방행정연수원은 운영이 엉망이었다. 전 직원이 참여하여 기관의 비전체계, 전략과제와 핵심가치, 핵심역량, 행동규범 등을 새로이 재정립하고, 장기교육 재설계, 전문교육 정비, 사이버교육 개선 등의 과제를 열정적으로 추진했다.

하지만 임기를 채우지 못하고 지방행정연수원장직에서 물러나 조기 퇴임하게 되었다. 아무리 청렴하고 업무역량이 뛰어난 공직자라 해도 당시 정권에서 출신 지역의 한계를 뛰어넘기는 어려웠다. 지난 31년 동안 공직생활에 모든 열정을 바쳤기에 포기해야 했던 것도 많았지만 결코 후회하지 않는다. 동료, 선후배들과 늘 우호적인 관계를 유지했고, 민원인들에게 최선을 다하려고 노력했다. 현대사 한복판에서 급격한 변화를 겪으며 어려운 일들을 무사히 해냈고 늘 혁신을 추구했다. 무엇보다도 끝까지, 당당하게, 역량을 발휘할 수 있었던 것을 큰 보람으로 여긴다.

3장   자치발전의
사명

자치발전의 사명,
새로운 도전과 실패

공무원 정년을 4년 앞서 명예퇴직하고, 한국자치경영평가원 이사장으로 일하면서 나는 지방자치단체 산하기관의 경영 개혁을 주도하였다. 그러나 막상 그 일을 담당하는 기관인 자치경영평가원은 합리적·효율적 경영관리 체제를 갖추지 못하고 있었다. 이사장 취임 6개월 동안 자치경영평가원 개혁에 몰두했다. 기관 설립 후 10여 년 동안 누적된 문제를 재정비한 것이다.

공직에서 물러난 후 기회가 닿는 대로 나의 지식이나 경험을 사회 발전을 위해 쓰겠다고 생각했다. 한편으로는 하고 싶은 일을 하며, 가족과 함께 시간을 보내겠다는 결심도 했다. 평소 부족하다 싶었던 문화적 소양을 기르기 위해 색소폰을 배우고 음악회, 전시회 등을 찾아다니며 여유롭게 지내기도 했다.

마침 2010년 6.2지방선거를 전후하여 주위에서 '경륜을 묵히지 말고 지방자치단체장에 도전해 보라'는 권유가 빗발쳤다. 공직에서 물러나면서 했던 결심 가운데 하나가 정치는 하지 않겠다는 것이었다. 나는 정치와 거리가 먼 사람이었다. 일부러 정치권과 일정한 거리를 둔 것도 그 때문이었다. 어떤 설득에도 흔들리지 않고 버텼다. 하지만 언제부턴지 민선자치로 인해 망가져가는 지방행정을 되살리고 싶다는 욕망이 일기 시작했다. 정치권에서도 계속 연락을 해 왔다. 서서히 결심이 흔들렸고, 가족들은 말렸다. 가족들의 반대는 충분히 이해할 수 있었다. 그렇기에 더더욱 고민스러웠다. 깊은 고민 끝에 주어진 소명이라는 결론에 도달했고, 6.2지방선거 후 재선거를 치러야 할 상황이 된 광주 서구에서 자치단체장에 도전하기로 마음먹었다.

당시 선거일이 10월 27일이었는데 출마 결심은 선거를 약 3개월 앞둔 시점이었다. 그리고 공천일은 9월 25일이었다. 공천을 받지 않은 상태에서 먼저 선거사무소를 열었다. 주민들이 제대로 평가하고 검증하려면 지금부터 부지런히 '나'라는 사람과 내가 갖고 있는 구상에 대해 알려야 한다고 생각했기 때문이다.

그러나 사람들은 중앙당에 가서 공천을 따오는 게 급하다고 했다. 선거운동은 그 후에 해도 늦지 않다고 했다. 동의할 수 없었고, 그것은 출마자로서의 자세가 아니라고 반박했다. 지금 생각해 보면, 선거판을 모르는 신참이기에 할 수 있는 말이었다. 그렇지만 선거 문화, 선거 행태를 바꾸고 싶었기에 그런 방식에 의지하고 싶지 않았다. 대신에 지역 현안들을 점검하고, 문제점을 파악하고 해결책을 공부했다. 그리고 주민들에게 나를 알리기 위해 노력했다. 진심 어린 태도로 선거에 임했다.

공천심사를 받던 날, 후보자 4명 중에서 3명을 뽑는데 그 안에도 들지 못했다. 그 3명은 선거를 앞두고 지역에서 아무 활동도 하지 않은 사람들이었다. 공천 여부는 순전히 영향력 있는 인사와 얼마나 친한가에 달려 있었다. 정책과 공약으로 경쟁하려다 말로만 듣던 공천 부조리를 경험하니 분노가 치밀어 올랐다. 정치판으로 나오라던 인사들까지 배신했다는 사실에는 분노를 넘어 허탈함이 밀려왔다. 남들이 인맥에 매달릴 때 당당하게 기본을 지키며 선거에 임했다. 결코 잘못되거나 부끄러운 행동이 아니었던 것이다.

때마침 전남도립대학교 총장 공모에 응모해 보라는 권유를 받고 마음이 움직였다. 교육계는 정계와 다르리라는 기대감이 들었고, 교육이라면 자신이 있었다. 이변이 없는 한 될 거라고 확

신하고 응모했으나 보기 좋게 낙방하고 말았다. 나라의 백년대
계가 걸린 교육현장에서도 실력보다 인맥이 우선시된다는 점을
확인하자 몹시 실망스러웠다. 거듭 쓴맛을 본 끝에 좌절감이 깊
었는지, 에어백이 2개나 터지는 큰 교통사고를 당하기도 했다. 몸
도 마음도 많이 상했던 때였다.

그래도 손 놓고 있을 수만은 없었다. 사회에 보탬이 되는 길
을 찾아 다시 시작하자고 마음먹었다. 다행히 오라는 곳이 많았
는데, 새누리당에서 시 당위원장직을 맡아 달라는 제안도 있었
다. 정치적 성향이 맞지 않기에 거절했다.

할 수 있는 일들을 모색하다 보니 지역사회봉사와 공부로 결
론이 났다. 대동문화재단의 문화정책포럼 집행위원장과 시민문
화대학 학장을 맡았다. 전남대학교와 호남대학교에서 지방자치,
지방행정 등을 강의하며 지방자치에 대해 보다 심도 있게 연구
할 기회도 얻었다.

그 외에 행정안전부의 고위공무원역량평가위원으로 3년간,
지방분권위원회 지방분권전문위원으로 4년간 활동하기도 했다.
특히 한국청소년동아리연맹 광주·전남지역 총재를 지내면서 보
람과 함께 사회단체 활동의 운영과 어려움에 대해서도 잘 알게
되었다. 수년간 여러 가지 지역사회활동을 하며 열심히 살았다.

이 시기는 나를 다시 단련시키고 인생이 보다 풍요로워지는 계기가 되었다.

2012년 대선을 앞두고 김두관 후보의 지원활동에 전념했다. 자수성가한 인물이라는 점에서 인생 역정이 비슷했고 무엇보다도 국가관이 맞았다. 청렴하고 개혁적인 인물이라는 점에서 적격이다 싶었다. 혼신을 다해 지지활동을 벌였지만 아쉽게도 후보가 당내 경선에서 탈락하고 말았다.

직선 지역위원장의
출마선언

    대선 다음해인 2013년 2월이었다. 민주당 서구 을 지역위원장을 공모한다는 공고가 났다. 처음에는 망설여졌지만 마음이 움직였다. 무엇보다 당원 직선이라는 조건에 끌렸다. 당시 사람들은 대선에 참패한 민주당을 향해 실망과 분노를 감추지 않았다. 부정적인 민심에 당황한 중앙당에서 처음으로 당원들이 직접선거를 통해 지역위원장을 선출하도록 한 것이다. 중앙정치는 내 힘으로 어렵겠지만 지방정치는 내 뜻대로 해볼 수 있지 않을까 싶었다. 열심히 하면 좀 더 깨끗한 정치 환경을 만들 수 있을 것 같았다.

    며칠을 망설이고 고민하다 도전하기로 했다. 2주 간의 선거운동 끝에 놀라운 결과를 얻었다. 압도적인 표차로 당선된 것이다. 당원들과 후원회원을 관리하고 당원들 간의 친목도모와 당원교육을 이끄는 등 지역위원장으로서 열심히 발로 뛰었다. 특히 당원간의 소통과 화합, 그리고 당 소속 의원들과의 협력에 신경을 많이 썼다. 물론 지역위원회 운영은 쉬운 일이 아니었다. 게다가 유일한 원외 위원장이었다. 하지만 민주적이고 합리적으로 운영하기 위해 애썼다. 그 과정에서 스스로 정치에 대한 눈도 틔었다.

2014년 6월 4일 지방선거가 예정되어 있었다. 모두 1년 전부터 일찌감치 물밑작업이 한창인 가운데 출마 예비자들이 나를 견제하는 분위기가 감지되었다. 민주당 지역위원장이던 나를 잠재적 후보로 여기고 있었던 것이다. 출마 생각이 전혀 없었기에 지역위원장으로서 해야 할 일들을 담담히 수행했다. 지역위원장으로서 소임을 다하는 데 여념이 없었던 2013년 9월 어느 날 서구 의장이셨던 원로분께서 내년 지방선거에 서구청장 출마를 해야 한다고 말씀하셨다. 그러나 나는 농담도 하지말라고 했다. 당원들이 지역위원장 역할 잘하라고 직접 뽑아 주었는데 1년도 안되어 다른 길로 갈 수는 없는 일이었다. 그러나, 몇 달 후 다시 출마설이 떠돌았고, 여론에서도 나를 후보로 꼽았다. 몇 달이 지나

연말이 되자 이제는 지역위원회 임원들이 출마를 권유했다. 출마를 고려하지 않았으므로 여전히 내 일에만 충실했다.

2014년 새해가 되자 지역위원회 원로들, 역대 서구의회 의장들까지 출마를 권했다. 이쯤 되자 지역위원장직에 충실해야 할지, 지역부터 살리라는 요구에 따라야 되는지 고민이 되기 시작했다. 여론을 살피고 조언을 들었더니, 대체적으로 출마를 원하는 쪽이 훨씬 더 많았다. 그 와중에 지역 원로들이 출마촉구선언을 하고, 지역상무위에서도 내 출마선언을 기다리고 있었다. 다른 당에서는 이미 후보를 내고 선거운동을 시작한 상태였다.

결국 출마를 결심하게 되었다. 그 배경에는 다른 이유들도 있었다. 민선 이후 자치가 후퇴한 현실을 더 이상 외면할 수 없었다. 특히 평생 지방자치 분야에서 일해 온 사람으로서 더더욱 그러했다. 광주를 명실상부한 의향이자 민주·평화·인권의 도시로 자리매김하고 싶다는 바람도 있었다. 아울러 공직개혁에 기여하고, 자치환경과 자치문화의 개혁에도 이바지하고 싶었다. 그것이 나에게 주어진 책무라고 느꼈다. 무엇보다도 광주의 얼굴인 서구가 앞장서야 한다고 생각했다. 당시 서구는 광주 5개 구청 중에서 현직 단체장의 재출마 지지도가 최하위였고, 그만큼 교체욕구가 높았다.

2014년 2월 10일 양동시장에서 출마선언을 했다. 지지도에 연연하지 않고 묵묵히 선거운동을 해 나갔지만 예상치 못한 어려움이 있었다. 처음 치러보는 선거인지라 체계적인 준비도 되어 있지 않았고 시장 선거와 교육감 선거를 같이 치르다 보니 선거운동을 도와 줄 사람이 부족했다. 게다가 경선과정도 힘거운 싸움이었다. 다행히 1차 심사에 통과해 신형구 후보와 최종경선에서 맞붙게 되었다. 5월 11일, 최종 경선이 김대중컨벤션센터에서 진행되었다. 선거인단 앞에서 서로 질문과 토론, 발표를 마치고 투표를 시작했다. 투표함을 개봉해 보니 4표 차이의 승리였다. 실로 박빙의 승부였다.

승리요인이 무엇인지 곰곰히 생각해 봤다. 일단 그동안의 공직생활로 쌓은 다양한 경력이 사람들에게 신뢰감을 주었던 것 같다. 공직생활을 통해 얻은 지식과 경험들은 토론을 하거나 공약을 설명할 때 훌륭한 자원이 되었다. 많은 사람들이 자발적으로 지지를 보낸 것도 공직생활에서 쌓은 능력과 경험 덕분이다.

구청장 당선과
민선 6기 출범까지

2014년 6월 치러진 지방선거에서 민선 6기 광주광역시 서구청장으로 당선되었다. 정치신인이나 다름없는 내게 기적같은 일이 일어난 것이다. 이 대목에서 주민들이 기대하는 바를 확인할 수 있었다. 정치적인 배경이 없기 때문에 새로운 정치, 새로운 행정을 펼칠 수 있다는 점이다. 주민들의 뜻을 읽어 잘못된 것을 바로잡고 더 살기 좋은 지역사회를 만들겠다고 스스로 다짐했다.

당장 구정을 살펴보고, 공약들을 실천하기 위한 구체적인 계획을 세워야 했다. 취임하기까지 한 달을 남겨 놓은 상태에서 구정 인수 준비를 시작했다. 그런데 인수위원회를 꾸리는 것도 쉬운 일이 아니었다. 간신히 인수위원회를 구성하고 '새자치준비위원회'라고 이름 붙였다.

취임하기까지 준비하는 과정에서 여러 가지 어려움이 있었다. 특히 기억나는 것은 선거기간에 도와준 분들의 이런 저런 요구와 바람을 제대로 들어주지 못한 점이다. 실제로 선거기간 동안 많은 분들이 아무런 대가 없이 지지해 주고 도와주었다. 그런데 그분들은 내가 당선되자 이런저런 일에 관여하고 싶어 했지만 그런 요구를 들어줄 수 없었다. 지금도 그때 생각을 하면 그분들께 미안해진다. 하지만 단체장의 자리는 공정성으로 주민통합을 이뤄내야 하는 자리 아닌가.

취임을 앞두고 마침내 두 가지를 결심했다. 첫 번째는 현직 단체장의 기득권을 포기하기로 한 것이고, 두 번째는 전면적인 개혁을 실시하겠다는 것이었다. 공직사회와 지역사회를 바로잡고 명품도시를 실현하기 위해서는 대대적이고 전면적인 개혁이 필요했다. 그것은 쉬운 일이 아니었다. 하지만 스스로 기득권을 포기하고 개혁정책을 펴면서도 정치적 지지를 확보할 수 있으리라고 확신했다. 공정성을 잃지 않으면서도 정치를 잘할 수 있다는 사실을 주민들에게 보여 주고 싶었다.

"주민이 진정한 주인이 되는 새로운 자치시대를 실현하고 광주 일번지 명품 서구를 조성하겠다는 약속을 드립니다. 새로운 자치시대를 구현하기 위해 먼저, 깨끗하고 열린 공직사회를 반드시 이루어내겠습니다!"

취임사에서 자치환경을 바꾸겠다고 선언했다. 아울러 직원들에게도 함께 바꿔 나가자고 호소했다. 서구를 역동적이면서도 개성 넘치는 지역으로 발전시켜 나가기 위해 다양한 방안을 구상했지만 무엇보다 중요한 것은 이제 새로운 자치시대를 열어가야 한다는 것이었다. 그러자면 민선 6기가 그 전환점이 되어야 했다.

지방자치단체장 선거는 자치발전을 위해 매우 중요한 일이다. 단체장이 마음만 먹으면 그 지역은 조금이라도 바뀔 수 있다. 단체장이 누가 되느냐에 따라 그 지역이 흥하기도 하고 망하기도 한다. 그러니 주민들이 단체장을 잘 뽑아야 한다. 하지만 단체장들은 연임을 염두에 두기 마련이라 청탁에 약할 수밖에 없다. 그러한 일들이 우리나라 자치발전을 가로막는 요인으로 작용하는 것이다.

단체장 취임 후 다섯 가지 실천사항을 다짐했던 것도 그러한 상황을 미연에 방지하기 위해서였다. 그 첫 번째는 '편 가르기나 줄 세우기를 없애는 것'이고, 두 번째는 '내 조직 만들기를 안 하는 것'이며, 세 번째는 '선거자금 만들기를 안 하는 것'이었다. 네 번째는 '선심행정을 척결하는 것'이며 마지막으로 다섯 번째는 '공무원이나 관변단체를 정략적으로 동원하지 않는 것'이었다. 이 다섯 가지를 재임기간 내내 엄격히 준수했다.

민선 6기가 출범하면서 내세운 슬로건이 '우리함께 만들어요, 살맛나는 으뜸서구'다. 취임 이후 새로운 서구를 만들기 위해 정말 최선을 다했다. 서구의 행정이 변화하면서 서구는 새로운 자치단체로 거듭나게 되었다. 지금은 다른 자치단체들이 벤치마킹하러 방문하기도 한다. 서구 곳곳에서 마을공동체가 확산되는 등 주민들의 삶도 보다 주체적·자율적으로 변화하고 있다. 자치발전을 주민들이 주도하고 있다는 데서 더 큰 가능성을 보게 된다. 결국 지역발전에 가장 중요한 것은 성숙된 자치의식과 문화다.

민선 6기 3년을
돌아보며

민선 6기 서구 구정을 이끌어온 지도 어느덧 3년이 지났다. 돌이켜보면 지난 3년은 민·관의 자치의식과 역량을 극대화하고 지역 발전의 브랜드와 비전을 완성하는 등 살맛나는 으뜸서구 구현을 위해 숨 가쁘게 달려온 시간이었다.

지방자치를 보다 새롭게 발전시켜야 할 시대적 사명을 안고 힘차게 출발했던 만큼 무엇보다 법과 원칙에 어긋나는 무질서 행위를 정상화하고, 구시대적인 잘못된 관행을 개선하는 데 힘 써왔다.

또, 주민자치센터의 자치기능을 활성화하고 마을만들기 지원체계 강화 및 아파트 공동체활성화 등 자율과 참여의 성숙된 자치공동체 육성 기반을 확고히 다져왔다. 특히 서구민 한 가족 나눔운동을 비롯한 우리동네 수호천사, 희망플러스사업과 같은 주민 주체의 복지안전망을 촘촘히 하는 등 전국 최고 수준의 복지모델을 구축한 것은 아주 큰 보람으로 남는다.

보건복지부가 주관한 '2016 지역복지사업' 3관왕 및 3년 연속 영예의 대상이 이를 증명하고 있으며, 우리 구의 선진 복지모델을 벤치마킹하기 위해 전국의 5,000여 공무원과 주민들이 우리 구를 방문하기도 했다.

청렴확인시스템, 청렴골든벨 등 예방적 청렴시책을 내실화하고 조직과 인사 그리고 재정질서를 확립했으며, 공직자들의 창의·전문 역량 강화 및 업무 효율화 그리고 일·가정 양립문화를 조성하는 등 깨끗하고 일 잘하는 지방정부 구현을 위한 초석을 쌓아온 것도 눈여겨볼 만하다.

그런 노력에 힘입어 민선 6기 3년 동안 우리 구는 중앙부처와 광주시 등에서 주관한 평가 및 공모사업에서 역대 최고인 299건이 선정되어, 555억 원의 상(賞) 사업비를 받기도 했다. 그리고 무엇보다 지난 3년은 으뜸 서구에 걸맞은 명품도시 육성을 위한 기반을 확고히 다진 시간이었다.

문화·건강·환경·경제·도시개발 등 지역발전의 중장기

로드맵을 마련한 것이다. 먼저, 품격 높은 문화도시 조성을 위해 작은음악회, 길거리 문화공연, 서창억새축제 등 생활 속 문화예술 프로그램을 활성화하고, 발산창조문화마을 등 문화관광 인프라 구축과 상록도서관을 중심으로 독서문화 진흥 노력을 게을리하지 않았다.

또한, 건강한 아파트 만들기사업 및 건강도시 심포지엄 등 건강공동체 정책을 내실화하고 생애주기별 통합건강증진 사업, 쌍촌 건강생활지원센터 운영, 생활체육 활성화 등을 통해 활력 넘치는 건강도시를 육성하는 데도 힘써왔다.

상무지구 명품거리 조성, 숲가꾸기 사업, 미니정원 등 도심녹지 공간을 확충하고, 운천 · 풍암 · 전평 등 3대 호수 경관 조성과 주민참여형 청결운동 추진 등 쾌적한 녹색환경 도시 조성을 위해 관심과 투자를 아끼지 않았다.

어디 이뿐인가? 서구 일자리센터를 중심으로 맞춤형 상담 및 취업을 알선하고, 중소기업 및 소상공인에 대한 특례보증 지원, 사회적경제 통합지원체계 구축 그리고 전통시장 현대화 및 경영혁신 등 상생하는 경제도시 구현을 위해 일해온 것도 기억에 남는다.

이와 함께 양동, 양3동, 농성동 등 구도심 지역에 대한 도시재생사업 및 재개발·재건축 정비사업을 차질 없이 추진해왔으며 주차장 확충, 하수관거 정비 등 도시기반시설 개선 노력도 계속해왔다.

재난안전 기관과의 협력적 네트워크를 강화함으로써 국민안전처 주관 지역안전도 진단 결과 2년 연속 최상위 등급(1등급)에 선정되기도 했다.

이처럼 지난 3년간 우리 구는 지역민들의 적극적인 협조와 참여 덕분에 기대 이상의 알찬 결실을 맺을 수 있었다.

하지만 지난 3년보다 앞으로 남은 1년이 더 중요하다고 본다. 그런 점에서 민선 6기 남은 기간 명품도시 육성 5대 핵심사업별 성과가 가시화될 수 있도록 가일층 힘을 쏟을 각오다.

그동안의 노력과 경험 그리고 성과를 바탕으로 명품도시 육성을 위한 기반을 더욱 고도화 해나갈 방침이며, 특히 지역의 미래인재 육성을 위한 교육 명문도시로서의 기반 구축과 서민생활 안정을 위한 따뜻한 복지 구현에 최선을 다할 각오다.

하지만 주민들의 관심과 협조 그리고 참여가 뒷받침되지 않는다면 지역의 발전도 지방자치의 성숙도 기대하기 어렵다. 희망찬 미래를 위해 구민 모두가 마음과 역량을 모아주시길 바라며, 스스로도 민선 6기 3년을 보내는 시점에서 이제 시작이라는 각오로 더 분발할 것을 다짐한다.

〈무등일보〉 2017-07-20

민선6기 3년을 돌아보며

특별기고

임우진
광주광역시 서구청장

민선6기 서구 구정을 이끌어 온지도 어느덧 3년이 지났다. 돌이켜 보면 지난 3년은 민·관의 자치의식과 역량을 극대화하고 지역 발전의 브랜드와 비전을 완성하는 등 숨가쁘나는 으뜸서구 구현을 위해 숨 가쁘게 달려온 시간이었다.

지방자치는 보다 새롭게 발전시켜야 할 시대적 사명을 안고 함차게 출발했던 만큼무엇보다 법과 원칙에 어긋나는 무질서 행위를 정상화하고, 구시대적인 잘못된 관행을 개선하는데 힘써 왔다.

또, 주민자치센터의 자치기능을 활성화하고 마을 만들기 지원체계 강화 및 아파트 공동체활성화 등 주을과 참여의 상수련 자치공동체 육성 기반을 확고히 다져왔다. 특히, 서구민 한가족나눔운동을 비롯한 우리동네 수호천사, 해망클러스사업과 같은 주민 주체의 복지안전망을 촘촘히 하는 등 전국 최고 수준의 복지모델을 구축한 것은 아주 큰 보람으로 남는다.

보건복지부가 주관한 '2016 지역복지사업' 3관왕 및 3년 연속 영예의 대상이 이를 증명하고 있으며, 우리 구의 선진 복지모델을 벤치마킹하기 위해 전국의 5천여 공무원과 주민들이 우리 구를 방문하기도 했다.

청렴확인시스템, 청렴골든벨 등 예방적 청렴시책을 내실화하고 조직과 인사 그리고 재정질서를 확립했으며, 공직자들의 참의·전문역량 강화 및 업무 효율화 그리고 일·가정 양립문화를 조성하는 등 깨끗하고 일 잘 하는 지방정부 구현을 위한 초석을 쌓아 온 것도 눈여겨 볼 만하다.

그런 노력에 힘입어 민선6기 3년 동안 우리 구는 중앙부처과 광주시 등에서 주관한 평가 및 공모사업에서 역대 최고인 299건이 선정되어, 555억원의 상(賞)사업비를 받기도 했다. 그리고 무엇보다 지난 3년은 으뜸 서구에 걸맞는 명품도시 육성을 위한 기반을 확고히 다진 시간이었다.

문화·건강·환경·경제·도시개발 등 지역발전의 중장기 로드맵을 마련한 것이다. 먼저, 품격높은 문화도시 조성을 위해 작은음악회, 길거리 문화공연, 서창 억새축제 등 생활속 문화예술 프로그램을 활성화하고, 빛산참조문화마을 등 문화관광 인프라 구축과 상록도서관을 중심으로 독서문화 진흥노력을 계속리하지 않았다. 또한, 건강한 아파트 만들기사업 및 건강도시 심포지엄 등 건강공동체 정책을 내실화하고 생애주기별 통합건강증진 사업, 왕촌 건강생활지원센터 운영, 생활체육 활성화 등을 통해 활력 넘치는 건강도시를 육성하는데도 힘써 왔다.

상무지구 명품거리 조성, 숲 가꾸기 사업, 미니정원 등 도심녹지 공간을 확충하고, 운천·봉암·전평 등 3대 호수 경관조성과 주민참여형 청결운동 추진 등 깨끗한 녹색환경 도시 조성을 위해 관심과 투자를 아끼지 않았다.

어디 이뿐인가? 서구 일자리센터를 중심으로 맞춤형 상담 및 취업을 알선하고, 중소기업 및 소상공인에 대한 특례보증 지원, 사회적경제 통합지원체계 구축 그리고 전통시장 현대화 및 경영혁신 등 상생하는 경제도시 구현을 위해 앞에 온 것도 기억에 남는다.

이와 함께 양동, 양3동, 농성동 등 구도심 지역에 대한 도시재생사업 및 재개발·재건축 정비사업을 차질없이 추진해 왔으며 주차장 확충, 하수관거 정비 등 도시기반시설 개선 노력도 계속해 왔다.

재난안전 기관과의 협력적 네트워크를 강화함으로써 국민안전처 주관 지역안전도 진단 결과 2년 연속 최상위 등급(1등급)에 선정되기도 했다.

이처럼 지난 3년간 우리 구는 지역민들의 적극적인 협조와 참여 덕분에 기대이상의 알찬 결실을 맺을수 있었다.

하지만 지난 3년 보다 앞으로 남은 1년이더 중요하다고 본다. 그런 차에서 민선6기 남은 기간 명품도시 육성 5대 핵심사업의 성과가 가시화 될 수 있도록 가일층 힘을 쏟을 각오다.

그 동안의 노력과 경험 그리고 성과를 바탕으로 명품도시 육성을 위한 기반을 더욱 고도화 해나갈 방침이며, 특히 지역의 미래인재 육성을 위한 교육 명문도시로서의 기반 구축과 서민생활 안정을 위한 따뜻한 복지 구현에 최선을 다할 각오다.

하지만 주민들의 관심과 협조 그리고 참여가 뒷받침 되지 않는다면 지역의 발전도 지방자치의 성숙도 기대하기 어렵다.

희망찬 미래를 위해 구민 모두가 마음과 힘을 모아 주시길 바라며, 스스로도 민선6기 3년을 보내는 시점에서 이제 시작이라는 각오로 더 분발할 것을 다짐한다.